1997 jährt sich zum hundertsten Mal der Todestag des Historikers und Kunsthistorikers Jakob Burckhardt (1818–1897). Aby Warburg hat ihn einmal, mit Blick auf »Die Kultur der Renaissance in Italien«, den großen »Pfadfinder« genannt. Ihn als solchen vorzustellen, zentrale Motive seiner Kunstgeschichte und seiner Vergegenwärtigung konkreter historischer Existenz vor Augen zu führen, hat sich Horst Günther in seinem Buch zum Ziel gesetzt. Der Zeithintergrund wird dabei ebenso beleuchtet wie die Entstehung der berühmten Arbeiten; den vorausgehenden Traditionen der Geschichtsschreibung wird ebenso Aufmerksamkeit geschenkt wie der Wirkung Burckhardts auf Zeitgenossen. Es geht darum, die ungebrochene Aktualität Burckhardts deutlich zu machen.

**Horst Günther**, geboren 1945, lehrt Philosophie an der Freien Universität Berlin und arbeitet an der Maison des Sciences de l'Homme in Paris. Er ist Autor, Übersetzer und Herausgeber einer Reihe von umfangreichen, kommentierten Editionen: ›Karl Philipp Moritz‹, ›Die Französische Revolution‹, Jacob Burckhardts ›Die Kultur der Renaissance in Italien‹. Buchveröffentlichungen u. a.: ›Versuche, europäisch zu denken. Deutschland und Frankreich‹ (1990); ›Das Bücherlesebuch‹ (1992); ›Das Erdbeben von Lissabon‹ (1995). Im Fischer Taschenbuch Verlag erschien von ihm zuletzt: ›Zeit der Geschichte, Welterfahrung und Zeitkategorien in der Geschichtsphilosophie‹ (Bd. 11472).

Horst Günther

# *»Der Geist ist ein Wühler«*

## Über Jacob Burckhardt

Fischer Taschenbuch Verlag

*Frontispiz:* Jacob Burckhardt, 1892

Originalausgabe
Veröffentlicht im Fischer Taschenbuch Verlag GmbH,
Frankfurt am Main, November 1997


Satz: Fotosatz Otto Gutfreund GmbH, Darmstadt
Druck und Bindung: Clausen & Bosse, Leck
Printed in Germany
ISBN 3-596-13670-9

# Inhalt

# *Leben*

Wann beginnt das Leben eines Menschen, eines Autors? Das Leben, das sich darstellen läßt, das dokumentiert ist? Die Kindheit gehört jedem allein, wenn sie nicht durch autobiographische Schriften zum gemeinsamen Besitz der Leser geworden ist. Die Eltern, die Abstammung teilt man mit Geschwistern, die Einflüsse der Umgebung und der Schule mit so vielen anderen, die doch ganz andere Menschen geworden sind. Also Vorsicht vor den einfühlsamen Jugendgeschichten!

Das Leben eines Menschen beginnt dann, wenn er frei über sich entscheidet. Die erste Entscheidung, von großer Tragweite, die einem kein anderer abnehmen kann, ist die über den Beruf. Auch die ist vielfach bedingt, durch Familie und Herkommen, und erst dann durch Begabung und durch die Mittel, die zur Verfügung stehen. Die Freiheit der Wahl ist oft sehr eingeschränkt, und manche finden erst dann zu sich selbst, wenn sie aus den vorgegebenen Grenzen ausbrechen.

Niemand scheint so wenig zu leben wie ein Gelehrter, gar ein Historiker. Ein Leben, das eher ein Lesen ist, Arbeit und, wenn man sie ernst nimmt, unendliche Mühe. Allenfalls ein paar Reisen in Bibliotheken und, wenn die Geschichte der Kunst hinzukommt, in Museen und Galerien. Was lebt und zum Leben erweckt wird, sind die Schatten der Vergangenheit, Menschen und ihr Tun und Handeln, Ideen, die Folgen hatten und uns immer noch beschäftigen. Aber das Leben, das dahinter steht, kann man das erzählen, lohnt das die Aufmerksamkeit?

Geschichte lebendig zu machen, das erfordert einen ganzen Menschen, Geist und Charakter. Wie der Geschichte begreift und darstellt, das ist wichtig. Aber sein Leben? Das Leben Jacob Burckhardts (1818–1897) hat ein anderer Basler Historiker zu schreiben versucht, im Zusammenhang von dessen geistiger Welt, und hat in vier Jahrzehnten acht Bände darüber geschrieben, ohne doch ganz damit fertig zu werden. Seither ist Burckhardt ein Unbekannter. Da man so vieles nachschlagen kann, schaut kaum einer mehr selbst hin.

Jacob Burckhardt läßt sich Zeit dabei, sein eigenes Leben anzufangen. Er wächst in einer behüteten altmodischen Umwelt auf. Die Mutter stirbt früh, aber die Atmosphäre der Familie, der angesehene Beruf des Vaters, der Münsterpfarrer ist, und die sorgfältige Schulbildung mit den alten Sprachen hüllen ihn sozusagen ein. So studiert er auch zuerst Theologie, bis er merkt, daß da etwas nicht stimmt. Er hat kein Verhältnis zu den Dingen, die da gelehrt werden, er könnte sie von keiner Kanzel aus verkündigen. Da trifft er seine erste freie Entscheidung.

Er wählt das Studium der Geschichte und zieht dafür aus dem heimischen Basel mit seiner damals winzig kleinen Universität in das ferne Berlin. Es gab keine heftigen Auseinandersetzungen, aber nicht ganz im Scherz gebraucht er das Wort »Apostasie« für den Wechsel aus dem geistlichen in den weltlichen Stand. Die Familie und besonders die Schwester mit ihrem reinen pietistischen Kinderglauben leiden doch darunter.

Er ist zwanzig Jahre alt, erlebt Freundschaften und Enttäuschungen im Überschwang der Gefühle und scheint geprägt von einem Bewußtsein, in dieser Welt und in seinem Land doch fremd zu sein. Zwei Andeutungen dazu gibt er in Briefen an Freunde, in denen er sein Herz ausschüttet: »Mein Leben ist nicht so wolkenlos gewesen, als es euch geschienen, und *jeden Augenblick würde ich mein Leben gegen ein Niegewesensein vertauschen*, und wenn's möglich wäre, in den Mutterleib zurückkehren, obschon ich kein Verbrechen begangen habe und unter günstigen Verhältnissen aufwuchs.« Das wird man mehrmals lesen, aber doch darauf achten, nicht zuviel von den Einsichten des 1838 noch lange nicht geborenen Sigmund Freud hineinzulesen. Und nun die andere Andeutung, nach dem ersten Besuch Italiens:

»Es ist mir an Ort und Stelle wirklich der Gedanke durch den Kopf gegangen, ich sei vielleicht hier geboren – *Heine* würde sagen: ich sei der Sohn einer Meernixe aus dem Mediterraneum, in einer duftigen mondhellen Nacht auf der Landungstreppe eines italischen

Palastes ausgesetzt und von mitleidig-grausamen Leuten einer praktischen Erziehung wegen nach Basel transportiert. –« Er ist nicht der einzige, der in der Landschaft und Kultur Italiens ergriffen wird von dem Eindruck, daß das nicht neu sei für ihn, sondern daß er etwas alt Vertrautes wiedererkenne. »Anamnesis« nannte Platon dieses Wiedererkennen, das es in der Liebe ebenso wie bei der mathematischen Erkenntnis oder bei einer fremden Kultur geben kann. Man lernt nicht ein Fremdes, sondern wird endlich des Eigenen, das verstellt oder vergessen zu sein schien, wieder gewahr.

Statt theologischer Dogmatik und pietistischer Frömmelei soll die Geschichte der Welt und des Menschen ihn beschäftigen. Die Erfahrung Italiens hat ihn so glücklich gemacht, daß er es nun sogar in dem rauhen Berlin mit seiner »gotteserbärmlichen Umgebung« glaubt aushalten zu können: »ich habe Lust zum Arbeiten wie noch nie in meinem Leben«. Die Geschichte ist nun sein Hauptfach und in Berlin lehren mehrere bedeutende Historiker neben- und, wie das an deutschen Universitäten so zu sein pflegt, gegeneinander.

»Als ich die ersten Stunden bei Ranke, Droysen und Boeckh gehört hatte, machte ich große Augen. Ich sah, es war mir bisher ergangen wie jenen Rittern im Don Quixotte mit ihren Damen, ich hatte meine Wissenschaft auf Hörensagen hin geliebt, und nun trat sie plötzlich in gigantischer Größe vor mich, und ich mußte die Augen niederschlagen. Jetzt erst bin ich fest entschlossen, ihr mein Leben zu widmen, vielleicht mit Entbehrung des häuslichen Glükkes...« Was Jacob Burckhardt mit Bezug auf Heinrich Heine poetisch ausmalte, daß er sich in einer ferneren schönen Welt zu Hause fühlte, das kehrte er hier mit der Anspielung auf den Ritter von der traurigen Gestalt um. Wenn man über sein Leben entscheidet, so setzt man es für etwas ein. Und da schien ihm, bei seinen Gaben, die Geschichte das Höchste, das seiner Mühe wert und für ihn erreichbar sei.

Bei einer Entscheidung steht man zwischen Alternativen, die sich ganz von selbst ergeben können oder die man aufbaut. Die Ablösung Jacob Burckhardts vom Kinderglauben und der Kirche war nicht schmerzhaft wie für manch anderen in seiner Generation, Gottfried Keller etwa, der seinen Glauben in den Vorlesungen von Ludwig Feuerbach verlor (die somit doch für etwas wenigstens gut gewesen sind). Bei ihm ergab sie sich ganz einfach aus seiner geistigen Betätigung. Einem sehr kirchentreuen Theologiestudenten versucht er das bei aller Achtung vor den Entscheidungen anderer zu erklären:

»Ich aber habe für ewig mit der Kirche gebrochen, aus ganz individuellem Antrieb, – weil ich nämlich buchstäblich nichts mehr damit anzufangen weiß. Meine Sittlichkeit, sit venia verbo, marschiert vorwärts ohne kirchliches Zutun und rückwärts ohne kirchliche Gewissensbisse. Die Kirche hat über mich jegliche Gewalt verloren, wie über so viele tausend andere, und das ist in einer Auflösungsperiode nicht mehr als recht und billig.« Dieser Bruch ist ganz unpathetisch und geht mit wachsender historischer Einsicht in die Rolle und Funktion der verschiedenen Kirchen in der Vergangenheit einher. Dabei ist die Kenntnis des Mittelalters und der Kirche in Italien etwas, das ihm längst über einen beschränkt protestantischen Gesichtspunkt hinausgeholfen hat. Das bestimmt ihn bei den »Jesuitenunruhen« in Schweizer Kantonen zu einem strikt staatsrechtlichen Standpunkt und das wird ihm bei dem späteren, von Bismarck vom Zaun gebrochenen sogenannten Kulturkampf an der Weisheit des »großen Mannes« zweifeln lassen.

Eine kleine andere Alternative hatte sich dazwischengeschoben. In dieser Zeit schrieb jedermann Gedichte und meistens auch Dramen oder auch einmal ein Epos. So wie es eine intensiv gepflegte Hausmusik gab, mit der man sich in der Zeit vor den technischen Reproduktionen des Klanges mit den Kompositionen vertraut machte, so gab es eine nicht für den Druck gedachte vielfach und liebevoll gepflegte Hauspoesie. Zur Freiheit und zum Erwachsenwerden gehört deshalb bei vielen die Einsicht, daß diese Leidenschaft keine Berufung ist, sondern ein Stück weit hilfreich zur Ausbildung des technischen Urteils und der Phantasie in einer künstlerischen Gattung, aber sonst, wie Goethe es genannt hatte, eine »falsche Tendenz«. Jacob Burckhardt verabschiedet sein Dichten, und das fällt ihm nun als Student der Geschichte leicht, wie er sagt, »seit ich die höchste Poesie in der Geschichte finde«. Damit äußert er sich nicht zu dem alten Streit, ob die Poesie als Gattung höher stehe als die Geschichte, sondern zu seiner Fähigkeit, das Leben des einzelnen und die Entwicklung der menschlichen Gattung in der Geschichte klarer und umfassender anzuschauen, als ihm das bei seinen Fähigkeiten in der Poesie möglich gewesen wäre.

Zugleich hat er aber ein für seine ganze Generation bedeutendes Thema angeschlagen und für sich die Entscheidung getroffen. In dem immer noch kleinstaatlichen Deutschland dieser Zeit, worin die Politik, sofern es sie überhaupt gibt, als Thema verboten ist und eine wirtschaftliche Entwicklung erst ansetzt (es ist die Zeit der Karlsbader Beschlüsse, der »Demagogenverfolgung« und Zensur, die von dem badischen Liberalen Carl von Rotteck in seinem ›Staatslexikon‹ insgesamt bis hin zur Revolution von 1848 als »Belagerungszustand« dargestellt wird), nahm die Poesie die Rolle des öffentlichen Interesses ein und das Theater war fast das einzige politische Medium.

Junge Leute fühlten sich ganz selbstverständlich zur Poesie berufen, ganz gleich welches »Brotstudium« sie daneben betrieben. Ein Arzt, ein Chemiker, ein Theologe konnten genauso leidenschaftlich dichten und an der Poesie teilnehmen wie die wenigen Geisteswissenschaftler und Schriftsteller von Beruf. Und zugleich setzte ein Prozeß der Versachlichung ein, des Nüchternwerdens durch die wissenschaftliche Arbeit, in die jedoch mancher seine poetische Sensibilität und sein Formgefühl zu übertragen versuchte: vom Biedermeier zum Realismus, mit dem Bruch der gescheiterten Revolution von 1848, und zu den wissenschaftlichen Werken, die sich an die Stelle der poetischen setzen.

# *Geschichte*

Das Studium der Geschichte als Heilmittel gegen die Versuchungen der Poesie! Das klingt, als hätte es der Verfasser des *Wilhelm Meister* erfunden, und es galt für jene Generation. Geschichte aber auch als eine Möglichkeit des Glücks, als ein Weg, das einzelne zu untersuchen und doch darüber hinaus zu einer Anschauung des Ganzen zu gelangen! Das wird einem Studenten dieses Faches heute vielleicht noch befremdlicher erscheinen. Aber das war der Anspruch bei den besseren Köpfen der Berliner Universität in jener Zeit.

Jacob Burckhardt war im Herbst 1839 nach Berlin aufgebrochen. Er hörte in seinem ersten Semester dort bei Boeckh griechische Altertümer, bei Droysen alte Geschichte, bei Kugler Geschichte der Baukunst und neben ein paar anderen Veranstaltungen bei Ranke ab und zu neue Geschichte. Boeckh hat nach der bahnbrechenden *Staatshaushaltung der Athener* (1817) immer wieder ›Systematik und Enzyklopädie der Altertumswissenschaften‹ gelehrt und damit den Grund zu der nicht auf Ereignisse bezogenen, die Strukturen und Institutionen untersuchenden Richtung der Altertumswissenschaften neu gelegt.

Johann Gustav Droysen, der nur zehn Jahre älter war als Burckhardt, hatte im Gegenzug bei der größten Achtung vor der Sacherschließung die Geschichte Alexanders des Großen und des Hellenismus eher nach erzählenden Quellen und in einer geschichtsphilosophischen Konzeption geschrieben. Er sollte später mit seiner *Historik* auch das am weitesten ausgreifende Werk der Geschichtstheorie skizzieren. Um sich von dem bedeutenden jungen Historiker, der das Vorurteil über den Haufen warf, es lasse sich aus Einzelbeobachtungen ein Ereignis sicher rekonstruieren und dann erzählen, einen Eindruck zu machen, muß man ihn aus seiner Arbeit berichten lassen, auch wenn Burckhardt damals dieses Beispiel noch nicht hören konnte:

»Ich habe unzählige Berichte preußischer Offiziere aus dem Yorkschen Korps in Händen gehabt, so die über das Gefecht an der Katzbach: erst drei, vier von den Führern der Brigade, aus diesen ließ York durch seinen Adjutanten den Bericht seines Korps machen; ähnliche von den beiden anderen Korps von Sacken und Langeron kamen hinzu; sie waren nicht bloß unter sich zum Teil widersprechend, sondern die russischen Herren hatten hier und da geradezu gelogen; aus politischen Rücksichten aber mußte dann Müffling den Generalbericht zugunsten der Russen machen, und die Schlacht wurde um Sackens willen nach der Katzbach genannt, während das ganze Gefecht sich um die wütende Neiße bewegte. So überall, wo man noch die Überlieferung konstatieren kann. Die Darstellung wird stets um so unsicherer, je detaillierter sie ist, oder richtiger: nicht in dem Detail oder in der Anschaulichkeit des Details liegt die Wahrheit der Dinge.« (J. G. Droysen, *Historik*, 1937 u. ö., S. 71)

So ging der junge Privatdozent Droysen vor, dessen Bedeutung Burckhardt gleich als Student erkannte, auch wenn er später nicht stets mit seinen Bewertungen übereinstimmte. Droysen mit seinem kritischen Sinn war der Gegenpol und das Heilmittel gegen den wohlklingenden Zauber, den Ranke verbreitete, dessen gerühmte Darstellung Droysen bei aller Anerkennung der umfassenden Quellenkenntnis doch mit der von Walter Scotts beliebten Romanen verglich.

Die Kunstgeschichte war noch ein ganz junges Fach. Vielleicht liegt es daran, daß die Pionierarbeit Franz Kuglers heute nicht mehr so bekannt ist. Er hat zwar auch eine populäre Geschichte Friedrichs des Großen verfaßt, zu deren Illustrierung er den noch ganz jungen Adolph Menzel heranzog, und sein Lied »An der Saale hellem Strande« war auf jedermanns Lippen. Er hat Burckhardt den historisch geschulten technischen und sachlichen Blick auf Werke der Architektur gelehrt. Und er führte ein Haus, in dem bald auch Burckhardt mit den jungen Dichtern Paul Heyse und Emmanuel Geibel umging, wo man musizierte, zeichnete und dichtete und wo eine Tochter Kuglers die gepflegte Baßstimmte Burckhardts am Klavier begleitete.

Kugler erkannte in dem Basler Studenten rasch die außerordentliche Begabung. Er wurde ihm bald zum Freund und hat ihn zu verantwortungsvollen und einträglichen Publikationen herangezogen. Die erste Begegnung schildert Jacob Burckhardt in seiner gelegentlich durchbrechenden kauzigen Tonart so: »Ich habe hier einen wahren Glücksschuß getan, indem ich mich (obwohl unempfohlen) an Kugler machte. Der gute Mann muß überflüssigen Fettes wegen täglich spazieren gehn, und hat mir nun erlaubt, ihn abholen zu dürfen so oft es mir gelüste. Das habe ich denn schon öfter getan und so zotteln wir zwei Stunden lang durch den schönsten Schreibsand; das Ding sieht hell gelb aus, es ist eine wahre Pracht. Über gefrorne Sümpfe lasse ich den fetten Herrn weißlich voranmarschieren; trägt es ihn, so trägt es auch mich.« (11. 3. 1840)

Leopold von Ranke hatte gerade sein Meisterwerk, die *Deutsche Geschichte im Zeitalter der Reformation* (1839) beendet. Er war für seine vielgerühmte Darstellung, die auch Burckhardt bei ihm in dieser Zeit lernen wollte, auf selbst schon erzählende Quellen angewiesen; er hat nie aus Akten Geschichte geschrieben. Dabei entdeckte er für seine Zwecke die noch wenig benutzten und auch keineswegs über jeden Zweifel erhabenen Berichte der venezianischen Gesandten an ihre Signoria, die voll feiner Beobachtung, psychologischer Motivierung und politischen Kalküls geschrieben waren. Andererseits stilisierten und erfanden sie auch ein wenig hinzu, um regelmäßig die Aufmerksamkeit zu fesseln. Ranke fühlte sich dieser Quellengattung nahe und hätte gern, ebenso wie sein Kontrahent Friedrich von Raumer, politische Karriere gemacht. Als Persönlichkeit hatte er vielbelächelte Schwächen.

In einem Brief an seine Schwester erzählt Jacob Burckhardt »eine schöne, *ganz wahre* Anekdote« darüber: »Ranke war einst allein bei Bettina (von Arnim); ihr Gespräch fiel auf die Unterjochung Polens, Bettina war natürlich voll der tiefsten Empörung gegen Rußland und Ranke ging auf ihre Ideen mit völliger Beistimmung ein. – Einige Zeit darauf war er wieder bei Bettina in einer großen Gesellschaft; ein großer russischer Diplomat ließ sich mit ihm in ein Gespräch ein, in dessen Verlauf Ranke das Benehmen der Polen revolutionär und fluchwürdig nannte. – In diesem Augenblick sah ihn Bettina mit rollenden Augen hinter der Schulter hervor und sagte nichts als: *Pfui!* Ranke aber schlich sich baldmöglichst aus dem Hause, und hat es nicht wieder betreten. – Ein andermal handelte sich's um die Aufnahme Varnhagens in die Academie der Wissenschaften. Ranke, der ihn nicht leiden mag, ihn aber doch gerne gewonnen hätte, hielt einen begeisterten Vortrag zu V'.s Gunsten. Darauf kam es zur Abstimmung, wobei aber *keine* Stimme *für* Varnhagen zum Vorschein kam. Ranke hatte *für* ihn gesprochen und *gegen* ihn gestimmt.«

So lernten die Berliner Studenten doch gleich die Dialektik von Schein und Sein, von Anspruch und Geltung, die Versuchung durch die Macht und die Schwäche einer objektiven Ansicht der Geschichte kennen. Burckhardt erinnert an die jämmerliche Rolle des verführbaren Johannes von Müller, den die Gunst Napoleons oder vielmehr die eigene Charakterlosigkeit ruiniert hatten. Ranke hatte das Glück, daß man ihn doch nur als Historiker schätzte und ihm kein politisches Amt übertrug. Berlin hatte mit seiner jungen Universität, die ja erst durch Wilhelm von Humboldt 1810 gegründet worden war, einen geistigen Mittelpunkt und übte als Landesuniversität Preußens nach der Schließung der Universität Halle durch Napoleon und nach dem Niedergang von Frankfurt/Oder eine starke Anziehungskraft aus. Sie war zu Beginn um die Philosophische Fakultät zentriert und hatte durch Fichte in der Zeit der Befreiungskriege und durch Hegel während der inneren Reformen Preußens repräsentative Denker als Hochschullehrer.

In der relativ offenen Gesellschaft der noch kleinen Residenzstadt (das Elend hauste draußen im sogenannten Voigtland) war die Berührung und Durchdringung der sozialen Schichten eng. In Bettinas Salon trafen sich Schriftsteller und politische Köpfe der liberalen Linken; sie hatte zugleich Kontakt zur königlichen Familie. Mit ihrer Schrift *Dies Buch gehört dem König* (1843) veröffentlichte sie eine großartige Untersuchung über das soziale Elend draußen vor der Stadt.

Burckhardt hat eine Empfehlung und darf sie besuchen. Sein Lehrer Kugler wird bald ins Ministerium berufen. Die Universität ist noch übersichtlich und man kennt einander. So ist die kleine gelehrte Gesellschaft mit der Stadt verbunden und zum Hofe offen in einer ziemlich friedlichen Zeit politischer Nichtigkeit.

Burckhardt kommt auch rechtzeitig vor Beginn des säkularen Einschnitts, den in der preußischen Geschichte seit einigen Jahrhunderten die 40 bezeichnet. Da tritt im Schloß die berüchtigte weiße Frau auf und die Könige haben gefälligst zu sterben. Friedrich Wilhelm III. ist auch reif dafür und der alt und rund gewordene Kronprinz wartet darauf, als Romantiker auf dem Thron das Volk durch Ansprachen zu rühren.

In dieser Welt im Wartestand ist Bettina ein historisches Monument. Sie hat Goethe und die Romantiker gekannt, sie hält die in Berlin durch Rahel Varnhagen geschaffene Salonkultur aufrecht und vertritt Geist und politisches Engagement. In einem Brief an die Schwester beschreibt Jacob Burckhardt den Eindruck: »Ein 54jähriges Mütterchen, klein aber von schöner Haltung, mit wahrhaften Zigeunerzügen im Angesicht, aber so wunderbar interessant, wie *selten* ein weiblicher Kopf; schöne, echte kastanienbraune Locken, die braunsten, wundersamsten Augen die mir noch vorgekommen sind. Sie trug ein dunkelviolettes seidnes Kleid, und drüber einen hellmeergrünen Shawl, den sie unaufhörlich in die zierlichsten Falten warf; es muß ein superfeines Gewebe sein, denn wenn sie ihn über der Hand zusammenzog, so sah man die ganze Gestalt der – noch immer schönen – Hand durch.« – »Bettina setzte sich auf den Sopha, wir zu beiden Seiten auf Stühle. Sie nahm einen Bund Federn und spielte damit, indem sie den von uns überreichten Brief von Mme Matthieux laut vorlas.« ... »Sie wandte sich zu mir und sagte, während ich rot wurde über die Ohren: ›Ja, ich seh es Ihnen an, sie haben sich in die Günderode verliebt.‹« –

Und weiter: »Eine volle halbe Stunde währte unser Gespräch über die Jugend, die Studenten, die Zukunft Deutschlands. Das gewaltige Weib faßte alles von der größten, edelsten Seite an, wenn sie auch etwas hochliberal sein mag. Was kann aus *Euch* werden, sagte sie, solange die Alten Euch nichts werden lassen?«

Wenn man jung ist, lernt man rasch, und wenn man auch nicht gleich alles besser weiß, so durchschaut man doch die Kompromisse der Älteren. Nach einem anregenden Semester in Bonn, ein paar Reisen und weiteren Studien in Berlin kann der immer noch junge Student einem sehr viel älteren befreundeten Historiker in der Provinz schon weise Ratschläge erteilen und dabei seine frischen Einsichten mitteilen.

»Für die Geschichte beginnt sich die Kluft zwischen Wissenschaft und Leben langsam zu füllen, weil man inne geworden ist, daß die Geschichte in die Gegenwart einmünden *sollte*; denn sie tut es noch nicht in wahrem Sinne. Aber gerade darin liegt auch die Einseitigkeit der Gegenwart, daß sie nun eine Tendenz-Geschichte haben will, wie sie eine Tendenz-Poesie und eine Tendenz-Kunst hat. Man fordert jetzt vor allen Dingen in letzter Instanz ein politisches Interesse. Wer es mit der Geschichte ehrlich meint, wird zu einer Geschichte *mit Tendenz* nie unbedingt Ja sagen können. Summa summarum. Der Historiker steht in diesem Augenblicke durchaus schief mit dem Publicum, und muß es entweder mit demselben oder mit der Wahrheit verderben. In der letzten Beziehung ist auch Ranke nicht ganz sauber; er hat seiner herrlichen Darstellung viel, sehr viel aufgeopfert; die Totalität der Anschauung, die seine Schriften bei dem ersten Anblick zu geben scheinen, ist illusorisch. Da er seine Leser nicht von seinen (conservativen) Ansichten aus gefangen nehmen konnte, setzte er es mit blendender Darstellung durch. (Seine ungeheuren Verdienste in Ehren!)«

Es soll heute noch Historiker geben, die weniger klar blicken. Jacob Burckhardt ist Mitte Zwanzig und am Ende seiner Studienzeit. Er hat den professionell geschärften Blick und ist durchdrungen von der hohen Aufgabe der Geschichtsschreibung und von ihren besonderen gegenwärtigen Problemen.

# *»Der Geist ist ein Wühler«*

Das Wunderbare an dem Begriff ›Geist‹ ist, daß man ihn nicht mit einer Definition fassen kann. Er bedeutet zu vielerlei gleichzeitig. Er ist in jedem einzelnen die subjektive Kraft des Erkennens und lebendigen Handelns. Er charakterisiert nicht nur Gruppen und Nationen und ihre Sprachen, ihr Denken und Tun, sondern auch das Ganze der lebendigen Welt. Damit ist er Objekt nicht nur, sondern auch durch die Handelnden hindurch Subjekt der Geschichte. Und deshalb fürchten sich viele Historiker vor ihm. Aber nur in einer sehr eingeschränkten Bedeutung bezeichnet er Gespenster, sonst den Hauch und Atem Gottes und der Menschen im Alten Testament, den belebenden Wind, der vom Meer herankommt, und nicht den tötenden aus der Wüste.

Niemand hat ›Geist‹ so umfassend charakterisiert wie Hegel in seiner *Phänomenologie des Geistes* (1807). Es ist die wahre Beschreibung und zugleich der verwickelte Roman der menschlichen Erkenntnis auf ihren Wegen und Umwegen, des Bewußtseins von der simpelsten Wahrnehmung eines Dinges über die Selbsttäuschung und das Gefühl der Entfremdung und Zerrissenheit bis hin zum sich selbst und das Ganze überschauenden »absoluten Wissen«, das sich als »begriffne Geschichte« dokumentiert.

Jacob Burckhardt, der einige Jahre nach Hegels Tod in Berlin studierte und vor allem die Folgen kannte, Hegelschüler, die dem Anspruch des Meisters nicht gewachsen waren, und Theologiestudenten, die schwärmerisch konkrete wissenschaftliche Arbeit vermieden, um aus Hegels Begriffen blauen Dunst zu destillieren, mißtraute diesem Treiben. Auch behauptete er so steif und fest allen Schwärmern gegenüber seine Unfähigkeit zu dem, was damals als philosophisches Denken galt, daß man eine Schutzbehauptung darin sehen darf. Gewiß lag ihm das Abstrakte fern, und seine Sache war eher ein »anschauendes Denken« und eine »gegenständliche Erkenntnis«, wie Goethe es genannt hatte.

Hegels Einfluß wirkte aber bei solchen, die sich nicht in die Nachfolgekämpfe mischten, oft viel stärker. Und Hegel stand ja auch nicht allein in seiner Zeit. Er hatte die höchste Bewunderung für Goethes Denkweise, als dessen Schüler er sich sogar bekannte, und große Achtung für einen unabhängigen Denker wie Wilhelm von Humboldt, der Gewichtiges zur *Aufgabe des Geschichtsschreibers* zu sagen hatte, wie einer seiner Akademievorträge (1821) es schon im Titel verriet.

Die Rolle des Geistes und dessen rastlose Bewegung in der Geschichte hatte auch Droysen stets betont. Und der Student Jacob Burckhardt war von der Bedeutung dieses damals ganz jungen Dozenten, der einer sicheren Stelle wegen nach Kiel gehen mußte, völlig überzeugt. Eine seiner ersten Prognosen gilt Droysens Zukunft.

Er berichtet einem Freund von seinen Studien und schreibt, daß er ein »tägliches Denken über die Philosophie der Geschichte« neben der historischen Arbeit treibe. »Von Droysen hatte ich sehr viele Anregung dieser Art«, berichtet er und bedauert dessen Weggehen nach Kiel, das er in einem anderen Brief dieses Jahres 1840 die »eigentliche Schande für Berlin« nennt. Sein Urteil lautet: »Dieser Mann ist ganz bedeutend und wird in zehn Jahren unter den größten genannt werden.« (16. 3. 1840) Das traf ein. In der Auffassung geschichtlicher Epochen und Gestalten behielt Burckhardt aber seine eigene Auffassung und distanzierte sich sowohl von Droysens Beurteilung des Untergangs der griechischen Freistaaten im Hellenismus als auch von Droysens späterer Stellung in der preußisch-deutschen Publizistik und Politik.

Geschichte hat es mit dem Ganzen zu tun. Auch bei der Beschäftigung mit dem einzelnen richtet sich das Interesse auf dessen Stellung und Anteil in der Bewegung des Ganzen. Nichts bleibt oder ruht in diesem zeitlich sich erstreckenden Prozeß. Das Modell, »das große durchgehende Hauptphänomen« ist immer wieder ähnlich. Es entsteht eine geschichtliche Macht und entwickelt die ihr eigenen Lebensformen. Die Zeitgenossen glauben, das sei es nun, und auch der getäuschte, der sentimentale Historiker möchte das Vergängliche festhalten und dem Unausgereiften die ruhige Entwicklung wünschen. Aber das gewährt die Geschichte nicht. Burckhardts mehrfach gebrauchte Formel dafür lautet: »Allein der Geist arbeitet weiter.« Und bei einer Neuaufnahme seiner Vorlesung *Über das Studium der Geschichte* schreibt er an den Rand: »er ist ein Wühler«. Beim Redigieren des Textes hat sein Neffe Jacob Oeri, der selbst diese Vorlesung gehört hatte und mehrere Nachschriften davon konsultieren konnte, diese Anmerkung in den Text der *Weltgeschichtlichen Betrachtungen* eingefügt. Seither sagen wir mit einigem Recht: »Der Geist ist ein Wühler.«

Eine neue Edition hat (verdienstvoll für die Forschung, aber nicht sehr glücklich für den Studienanfänger) den Text der *Weltgeschichtlichen Betrachtungen*, den früher ein Student der Geschichte mit Begeisterung beinahe in einem Zuge und dann immer mal wieder lesen konnte, fast unlesbar gemacht. Man muß sich durch die Notizen aus verschiedenen Zeiten, durch Wiederholungen und Varianten hindurchwühlen, um dem Gedanken auf die Spur zu kommen. Die Aufgabe wäre jetzt, so wie Restauratoren von Bildern und Statuen auch nicht mehr mit dem Pinsel darüberwischen oder Marmor ansetzen, sondern deutlich das Echte vom Ergänzten unterscheiden, wieder etwas Lesbares zu schaffen. Wenn man glaubt, es besser zu machen, dann immer zu! Und jetzt kann man den Wortlaut, der sich ja nicht völlig in den Notizen findet, mit den Nachschriften und mit Oeris Erinnerungen vergleichen und Ergänztes durch die hübschen spitzen Klammern kennzeichnen.

Das unfertige Werkstattmaterial gibt nicht Geist und Leben des Autors. Und dessen Überzeugung, für die er viel Zeit opferte, war es, daß eine Vorlesung frei gehalten werden müsse. Papierenes Ablesen gilt nicht, der Kopf darf nicht in den Blättern stecken, sondern das Auge richtet sich frei auf die Hörer. Damit werden auch Maßstäbe für die Veröffentlichungen gesetzt.

Geschichte erstreckt sich in der Zeit, ihr Wesen ist stetiger Wandel, und nichts bleibt, am wenigsten das, dem wir gern Dauer wünschen würden. Geschichte hat es mit der Vergänglichkeit zu tun, was die Dinge und die Handlungsträger angeht. Was uns aber an der Geschichte beschäftigt, was wir wirklich wissen wollen, ist das noch »Unvergangene«, wie Droysen sagt. Burckhardt unterscheidet, wenn er von der geschichtlichen Seite des Geistigen spricht, diese beiden Aspekte seiner Zeitlichkeit: »Denn der Geist hat Wandelbarkeit, aber nicht Vergänglichkeit.« (*Studium*, S. 229)

Der Historiker, auch wenn er es nicht wahrhaben will, steht in dieser doppelten Bedeutung und Herausforderung des Geistes. Es ist seine höchste Aufgabe, in der Forschung und Darstellung die ungezählten, vergänglichen und zufälligen Dinge unter leitenden Gesichtspunkten einer Idee zu durchdringen und zu erfassen, um in einem einzelnen ein Ganzes zu erkennen. Geist hat man nicht. Geist ist man und Geist erkennt man. Jacob Burckhardt spricht es so aus:

»Der Geist ist die Kraft, jedes Zeitliche ideal aufzufassen. *Er* ist idealer Art, nicht die Dinge. Andererseits muß er die Erinnerung an sein Durchleben der verschiedenen Erdenzeiten in seinen Besitz verwandeln. Was Jubel und Jammer war, muß nun Erkenntnis werden, wie im Leben des Einzelnen.« (*Studium*, S. 168) Das ist so dicht und wahr, daß man es gleich noch einmal lesen muß. In den Worten und Assoziationen reichen sich Goethe und Hegel die Hand, und da, wo Jubel und Jammer zu Erkenntnis werden müssen, ziehen sie Spinoza in ihren Bund. Es ist das Glück einer Vorlesung, daß man fast nebenher in drei, vier Sätzen so etwas sagen kann – wenn man es kann. Gedrängt, unprätentiös und voll reicher Anspielungen an wirkliches Denken, ohne daß man es einzeln nachweisen müßte. Und da in dem sonst so vorzüglich durch ein Register erschlossenen Band der Edition gerade dieses Zitat, das wichtigste, nicht unter ›Geist‹ aufgeführt ist, gewinnen wir gleich noch eine, durch schöne und bittere Erfahrungen bestätigte Erkenntnis: Man muß doch selber lesen.

Wie das Denken, so kann man auch das Lesen niemand anderem überlassen. Dazu ist es zu entscheidend und dafür macht es auch zuviel Spaß. Es ist eine der Tätigkeiten des Geistes. Und es ist die geistige Tätigkeit, wodurch sich jedermann unmittelbaren eigenen Zugang zum Denken und zu den Werken höchster Qualität verschaffen kann. Für den Historiker wie für jeden mündigen Leser geht es dabei um die Quellen. Man unterscheidet aber nicht nur Quellen und abgeleitete Darstellungen, zu denen dann eben auch beinahe alles gehört, was Historiker so schreiben. Man schaut sich die Quellen an und prüft, womit man seine kostbare Zeit verbringen will.

Bei den Quellen gibt es einen Aberglauben in den historischen Wissenschaften. Erstens glaubt man, es dürfe sie möglichst noch kein anderer gesehen haben, als ob nicht jedem etwas ganz anderes einfiele bei der Lektüre. Dann glaubt man, es sollten möglichst amtliche Schriften, Archivmaterialien usw. sein. Als wüßte nicht jeder, der bei einem Ereignis oder gar bei einer Sitzung dabeigewesen ist, daß weder das Wahre noch das Wichtige in die Quellen kommt. Was in amtlichen Schriften steht, folgt vorgegebenen Kategorien, die in der Regel den Sachverhalt verkennen und dem aktuellen Zustand der Dinge gar nicht mehr angemessen sind.

So ergibt sich bei falscher Quellengläubigkeit ein immer schon falsches Bild der Dinge, selbst im Maßstab dessen, was man aus einer vergangenen Zeit noch erfahren könnte. Die persönlichen Schriften und die Werke der Literatur und Kunst teilen neue Erfahrungen mit und geben Dinge zu verstehen, selbst wenn sie gar nicht die Realität beschreiben, sondern »fiktional« sind. Der Geist sucht den Geist und er wird ihn auch finden. Jacob Burckhardt ist einer der ersten gewesen, die in der Geschichtsschreibung nicht die Chronistenarbeit noch einmal und besser tun wollten, sondern sich an das wahrhaft noch Unvergangene hielten. Das nämlich, was uns immer noch beschäftigt, weil wir immer noch Menschen mit diesen Gefühlen und Gedanken sind, und das, was sich in bleibenden Werken der Kunst realisiert hat.

So begann schon der Student Jacob Burckhardt, nach diesem Bleibenden und Unvergangenen zu suchen. Er fand es nicht in vergänglichen diplomatischen Intrigen und noch weniger in den »krepierten Bataillen« der »Viri eruditissimi«, wie er gern spottete, das heißt in den Schlachtenbeschreibungen der militärischen Dilettanten auf deutschen Kathedern. Er suchte es im Geistigen, in der Kultur, zu der die »Lebens-Atmosphäre« gehört, die den Stil und Ausdruck einer früheren Epoche einzigartig und unnachahmlich prägte.

Dafür muß man schon beim Lesen ein Gespür entwickeln, den berühmten historischen Takt, der uns auch in einer naiven Aufzeichnung, in Rechnungen und Papieren, in einer frivolen Novelle oder einem Weltgedicht etwas mitteilt, das für das Verständnis dieser Zeit kostbar und unersetzlich ist. Und man muß auch sich selbst dabei aufmerksam, bei Laune und gesund erhalten. Man darf nicht ausschließlich eine Sorte und davon zuviel lesen wollen. Burckhardt wies mahnend auf das schreckliche Beispiel des englischen Historikers Buckle, der sich beim Lesen der schottischen Predigten des 16. und 17. Jahrhunderts eine Gehirnlähmung zugezogen haben soll.

Aber wenn der Geist ein Wühler ist, so folgt daraus für Burckhardt nicht, daß seine Vertreter ihn darin auch äußerlich nachahmen sollten. Es braucht einen klaren Blick und kühlen Kopf in wirren Zeiten. Die Französische Revolution, die Napoleonischen Kriege und die sehr künstliche Neuordnung der politischen Landkarte Europas hatten fast jedermann den »historischen Boden ... unter den Füßen weggezogen«. So äußert Burckhardt sich im Sommer 1842 einem Freunde gegenüber. Es war ein Gefühl der beliebigen Veränderbarkeit dadurch entstanden, das die Stellung von Kirche und Staat ebenso wie die der Künste und des bürgerlichen Lebens betraf. Die Naivität scheint verloren und wie in der Architektur liegen die Stile aller Zeiten zur beliebigen Verwendung nebeneinander. Eine Wiederherstellung der alten Unmündigkeit scheint Burckhardt ebenso unmöglich, wie ihm die Stellung der Fürsten (oft ja von Napoleons Gnaden) prekär erscheint. Wenn er sich in den leidenschaftlichen Debatten mit seinen romantischen deutschen Freunden gelegentlich »conservativ« nennt, so ist das eine baslerische altständisch-demokratische Haltung, die sich von dem Konservatismus Rankes, den er ja früh als unsaubere politische Tendenz in der Geschichtsschreibung erklärte, sehr unterscheidet und noch mehr von dem späteren Konservatismus deutscher Historiker nach der Reichsgründung 1871.

In dieser frühen Phase mischt sich bei dem Blick auf das Ganze nüchterne Illusionslosigkeit mit der Begeisterung, die gerade die Reisen und Freundschaften in Deutschland bei ihm erweckt hatten: »Ich erwarte noch überaus schreckliche Krisen, aber die Menschheit wird sie überstehen und Deutschland gelangt vielleicht erst dann zu seinem wahrhaften goldnen Zeitalter.« Und dabei versucht er, seine eigene Rolle zu definieren: »Was meine Wenigkeit betrifft, so werde ich nie Wühler und Umwälzer sein wollen; eine Revolution hat nur dann ein Recht, wenn sie unbewußt und unbeschworen aus der Erde steigt. Aber dem Fortschritt des deutschen Geistes werde ich mich ewig mit allen Kräften widmen und tun was mir Recht scheint.«

Das ernste Wort ›Revolution‹, das seit 1789 und erneut seit 1830 drohend in der Luft Europas schwebt, ist gefallen. Er steht anders dazu als der gleichaltrige Karl Marx, der auch um diese Zeit die Werkzeuge seines Geistes schärft und bereitlegt. Ein Hauch von Schwärmerei steht zwischen diesen Gedanken, wenn er für einen Augenblick erwägt: »auf den Trümmern der alten Staaten wird die Liebe vielleicht ein neues Reich gründen«. Ob ein solcher Gedanke nun mit dem Ältesten Systemprogramm der jungen Hegel, Schelling und Hölderlin strukturverwandt ist oder ein klein wenig auf den »Handwerksburschen-Communismus« Wilhelm Weitlings verweist, sei dahingestellt. Ein Kopf, durch den nicht auch einmal solche Gedanken gehen, wäre gar keiner.

Aber auf die alten Geister kann man seine Hoffnung gewiß nicht setzen. Der neue König Friedrich Wilhelm IV. hatte – romantisch wie er nun einmal war – sich auf das geschichtlich nicht mehr Wahre stützen wollen. Dazu hat er Jubelgreise in festlich geschmückten Wagen durch Berlin fahren lassen, um die neue Ära einzuläuten. Friedrich Rückert als Dichter der Freiheitskriege, Ludwig Tieck als Beschwörer des romantischen Zaubers, Peter Cornelius als frommen Maler und zur Ausrottung des Hegelschen Einflusses in der Philosophie dessen Jugendfreund und späteren Gegner Schelling.

In demselben Brief (13. 6. 1842), worin Burckhardt sich über seine Ansicht der Gegenwart äußert, fügt er eine Beschreibung seines Eindrucks von Schellings Auftreten bei. Er lege sich die Sache so zurecht: »Schelling ist Gnostiker im eigentlichen Sinne des Wortes, so gut wie Basilides. Daher das Unheimliche, Monströse, Gestaltlose in diesen Teilen seiner Lehre. Ich dachte jeden Augenblick, es müsse irgendein Ungetüm von asiatischem Gott auf zwölf Beinen daher gewatschelt kommen und sich mit 12 Armen 6 Hüte von 6 Köpfen nehmen. Es wird selbst den Berliner Studenten nach und nach unmöglich werden, diese furchtbare, halbsinnliche Anschauungs- und Ausdrucksweise auszuhalten. Es ist entsetzlich, eine lange geschichtliche Auseinandersetzung der Schicksale des Messias anzuhören, welche episch gedehnt und verwickelt und dennoch ohne alle Gestaltung ist ... – En attendant interessiert sich die hiesige große Welt für Schelling vom orthodox-pietistisch-aristocratischen Standpunkt aus, wie denn dies unglückliche Berlin immerfort Sympathien und Antipathien für dies und jenes mitmacht, ohne zu wissen warum, auf das einem Minister entfallene Wort hin. Einen so entsetzlichen Servilismus der Tat gibt es weder in Wien noch in München, das ist meine Ansicht. – Vale.«

Was da auftrat, konnte der Geist der Zeit nicht sein. Aber im vertrauten Brief an den religionsgeschichtlich gelehrten Freund greift Burckhardt mit seinem ausgemalten Vergleich in die Welt, die man durch Creuzers *Symbolik* kennengelernt hatte und die den mit Burckhardt gleichaltrigen Flaubert bei seiner *Versuchung des heiligen Antonius* faszinierte. Ehe der Byzantinismus als politische Haltung der Vereinigung von Thron und Altar wieder politische Mode wird und sich in Kirchenbauten dieses Stiles ausspricht, erblicken manche der Schüler und Leser von Hegel und Creuzer auffällige Ähnlichkeiten ihrer Epoche mit der Zeit des frühen Christentums und können einen aktuellen Konflikt geistiger Haltungen nicht nur mit dem Instrumentarium spätantiker Denkformen, sondern ausdrücklich als Geschichte der Gnosis darstellen. So hat es der junge Kirchenhistoriker F. C. Baur brillant getan, um den Gegensatz zwischen Hegel und Schleiermacher in historischer Fundierung darzustellen.

Ein aufmerksamer Beobachter kann die Augen nicht vor den Übeln der Zeit verschließen. Gerade weil er kein politischer Schwärmer ist, merkt der junge Burckhardt, wenn etwas nicht stimmt. So die Antwort der preußischen Regierung auf eine Petition der Stände im polnischen Teil des Landes, in Posen. »Damit fällt ein grelles, schauerliches Schlaglicht auf die Abgründe, welchen wir zu eilen. Man sieht, die Majestät glaubt im Rechte zu sein (...) Aber schon die Billigkeit ist nicht mehr geschont, und noch weniger die öffentliche Meinung und die Sehnsucht der Nation. Wehe dem Ratgeber, der dem König diesen Schritt eingab; der König selber wird ihm einst fluchen, aber wenn es zu spät ist. Man wagt es, einen durch *Stimmenmehrheit bei den Ständen* durchgegangenen Beschluß ein Parteiwerk zu nennen! –« Da blickt er ohne Illusionen voraus auf das unglückliche Jahr 1848, wo keiner erreichen wird, was er sich vornimmt. Wo aber auch nichts bleiben kann, wie es ist. Ein Mißverhältnis bricht auf zwischen dem wirklichen Gang der Dinge und der Fähigkeit der Regierungen, ihn noch zu beurteilen, geschweige denn vernünftig zu handeln. Da bahnt sich die geschichtliche Erfahrung an: Der Geist ist ein Wühler.

# *Nation*

Auch Historiker schweben nicht in der Luft. Sie hängen nicht nur von ihrer Zeit ab, sondern sie haben in aller Regel, auch wenn sie es selbst nicht merken, einen politischen Standpunkt, der durch ihre soziale Stellung innerhalb ihrer Nation bedingt ist. Jacob Burckhardt ist Schweizer und, genauer, Basler. Die regionale und bei einem Kanton, der sich noch dazu im Streit von seiner Landschaft trennen mußte, städtische Identität ist primär. Das ist fast immer noch in Italien ähnlich und es gilt auch in manchen deutschen Landschaften für Residenzen und ehemalige Reichsstädte. Fast alle Entscheidungen, die auf Jacob Burckhardts bürgerliche Existenz einwirkten, wurden in Basel selbst gefällt.

Das kann man sich in Deutschland kaum mehr vorstellen, daß es so viel Selbständigkeit geben kann; und in Frankreich hat es das seit Jahrhunderten nie gegeben. Der große Wandlungsprozeß hat aber doch erst im 19. Jahrhundert eingesetzt. Als Jacob Burckhardt zur Welt kam, sah die Landkarte Europas zwar längst nicht mehr so bunt aus wie vor Napoleons Wirken, aber sie umfaßte doch noch 77 Staaten, von denen außer Österreich volle dreißig zu Deutschland gehörten und mehrere andere deutschsprachig waren. Darunter Schweizer Kantone, die vor 1848 noch keinen festen Bund bildeten, sondern als Staaten aufgeführt wurden. Basel-Land und Basel-Stadt gehören zwischen Hohenzollern-Sigmaringen und Hessen-Homburg zu den kleinsten, aber San Marino und Liechtenstein übertreffen sie noch.

Insofern war der Unterschied eines Zürichers wie Gottfried Keller oder eines Baslers wie Jacob Burckhardt, der zum Studium eine Weile nach Deutschland ging, zu den anderen geringer als heute. Denn andere Studenten, die sich oft in Landsmannschaften zusammenschlossen, gehörten auch anderen Staaten an. Es entwickelten sich erst, mit dem Blick auf Frankreich und dessen Revolution, der Wunsch und das politische Ziel, eine Nation zu bilden. In der Zeit des Wiener Kongresses schreibt ein aufmerksamer Beobachter der politischen Lage Europas aus Paris, wie rasch doch die »Nationalschwangerschaften«, die früher Jahrhunderte währten, inzwischen zu zweifelhaften Geburten führten. Dieser Beobachter war Gustav Graf Schlabrendorf.

Grillparzer hat den Entwicklungsgang des 19. Jahrhunderts bitter so kommentiert:

Der Weg der neueren Menschheit geht von der Humanität über die Nationalität zur Bestialität. Von Wien aus gesehen, war die Nationalität besonders bedrohend. Denn wenn der Kaiser dort sich an seine Untertanen richtete, so sagte er: An meine Völker. Diese Völker mit verschiedenen Sprachen wollten aber gar nicht mehr seine Völker sein, sondern selbständige Nationen werden. Dieses Verlangen, das schnell zu blutigem Wahnsinn ausarten kann, ist immer noch nicht zur Ruhe gekommen und bestimmt weiterhin die Politik.

Erst unter Friedrich II. hatten zum Beispiel die Pommern gelernt, daß sie Preußen seien. Und das war ja auch nicht selbstverständlich, denn den Staat, der sich Preußen nannte, gab es ja erst seit der Zeit, als auch die letzten Preußen oder Pruzzen ausgerottet waren. Es ist etwa so, als wenn sich die Bürger der Vereinigten Staaten von Amerika Mohikaner nennen würden. Die Länder Ost- und Westpreußen, die außerhalb der Grenzen des alten deutschen Reiches lagen, waren der Vorwand für eine Königskrone gewesen, die der Kurfürst von Brandenburg gerne tragen wollte.

Die deutsche Sprache und Kultur scherte sich um solche Grenzen nicht. Sie reichte, wie Jacob Burckhardt es später ausdrücken sollte, »von Kurland bis Zürich«, ohne daß sich darauf ein politischer Anspruch der Einigung oder staatlichen Zusammengehörigkeit gründete. Solche Unterscheidungen wieder ins Bewußtsein zu heben, wenn man sich mit Menschen und mit Gedanken einer früheren Zeit beschäftigt, ist notwendig. Eine Welt ersteht wieder vor unseren Augen, die zerstört wurde. Und wir geraten alle in die Gefahr, mit sonst falschen Kategorien zu urteilen.

So hat sich Jacob Burckhardt leidenschaftlich zum kulturellen

Deutschland bekannt, vor allem vor 1848 und auch noch vor der gewaltsamen Reichsgründung. Er hat sich selbstverständlich als deutschen Autor angesehen und nicht als schweizerischen, und das erregte keine Mißverständnisse, solange »deutsch« kein politischer Begriff war. Immanuel Kant hat zeit seines Lebens nie den Boden des deutschen Reiches betreten, und doch zweifelt niemand daran, daß er ein deutscher Philosoph ist. Beethoven hat in Bonn das Licht der Welt erblickt und ist in Wien der große deutsche Komponist geworden... Man muß ein wenig üben, um sich von den korrekten Etiketten der modernen Nationalstaatlichkeit frei zu machen.

Baslerisch waren die Institutionen, Schule, Kirche und die Behörden, baslerisch der Dialekt. Als Schweizer galt man erst außerhalb, etwa in Berlin, wo die Leute nicht mehr zwischen Basel und Zürich unterscheiden. Die Bildung erfolgte in den klassischen Sprachen zuerst, die Lehrer waren teils aus Schweizer Kantonen, teils aus deutschen Ländern. Französisch lernte man sehr gründlich – Burckhardt wurde zum praktischen Spracherwerb eine Weile nach Neuenburg (Neuchâtel) geschickt –, Englisch schon weit weniger und das Italienische war freiwillig, wurde aber zu einer Leidenschaft und der Lehrer, ein Carbonaro und Lombarde, zu einem wirklichen Freund.

Auch in Basel kam nur ein aus Deutschland berufener Dozent wie Wilhelm Wackernagel auf die Idee, eigens über »Die Verdienste der Schweizer um die deutsche Literatur« seine Antrittsvorlesung zu halten. Wer seinen Wert kennt, braucht das nicht an die Glocke zu hängen. Das Entscheidende ist nicht die Herkunft, sondern die Beziehung aufs Ganze, die Vermittlung mit dem anderen und die einzigartige Konstellation des Individuums. Und gerade der von Wackernagel in dieser Vorlesung als Gipfel gerühmte Johannes von Müller ist die vergänglichste Blüte des Ruhms und schon für den jungen Jacob Burckhardt ganz und gar kein Vorbild.

Es gibt Landschaften der Seele, die man entdeckt und wo man sich als eigentlich zu Hause erkennt. Das war für Burckhardt Italien, und es spielt keine besondere Rolle, daß dieses Italien sprachlich und etwa in der Architektur schon im Tessin anfängt. Die französische Literatur, die am stärksten in Europa durchgearbeitet und zu einer Form gelangt war, ist ein stetiger Bezugspunkt. Französisches wird regelmäßig und nie in Übersetzungen gelesen. So skeptisch Burckhardt in jenen Jahrzehnten die französische Politik beurteilen mußte, und so distanziert er dem publizistischen Wesen, der Mode und den Lebensformen gegenüberstand, so wenig kam er je auf den Gedanken, Deutschland gegen Frankreich auszuspielen.

Die englische Kultur und auch Politik bleibt sehr viel mehr in der Ferne. London ist die Stadt großer Museen und ein Feld der Anschauung moderner Zivilisation, aber neuere englische Literatur oder Historiographie ist doch weit weniger präsent als die französische. Spanien ist das Land, das bedeutende Maler hervorgebracht, aber die Kultur der Renaissance in Italien verwüstet hat. Seine Anschauung bleibt Burckhardt ebenso verschlossen wie die Griechenlands, mit dessen antiker Kultur er sich intensiv und zeitlich am längsten beschäftigt hat. Das mag an der damals geringen Erschlossenheit dieser Länder für Reisen gelegen haben oder an fehlender Abenteuerlust.

Um 1800 herum sprach man sehr viel mehr von einem »Nationalcharakter«, den man bei den verschiedenen Völkern beobachten könne, als von einer Nation, wenn es um das in viele, oft unter österreichischer Gewalt stehende Herrschaften geteilte Italien ging, oder eben um Deutschland. Der einflußreiche Göttinger Historiker Arnold Heeren (1760–1842) hatte in seiner *Geschichte des europäischen Staatensystems* (zuerst 1809) den Zusammenhang und die Balance, das Gleichgewicht dieser Staaten in den Mittelpunkt seiner Darstellung gerückt. Sie ist also nicht die Geschichte der einzelnen Staaten, sondern »ihrer Verhältnisse gegen einander«. Und dabei kommt Heeren zu einer Betrachtung, die den vollen Gegensatz zur späteren Auffassung der Rolle Deutschlands in der europäischen Politik zeigt:

»Die festere Konsistenz, welche dieses System erhielt, verdankte es sehr dem glücklichen Umstande, daß gerade sein Mittelpunkt durch einen Staat gebildet wurde, dessen Form, wie mangelhaft sie auch in Beziehung auf ihn selbst sein mochte, doch höchst wohltätig für das Ganze war, *das Deutsche Reich*. Wie hätte, ohne einen solchen Zentralstaat, allen wichtig, aber niemandem gefährlich, sich jenes ausbilden mögen? Auch nahm eine aufgeklärte Politik es bald wahr, daß an *seine* Erhaltung die Erhaltung der bestehenden Ordnung der Dinge in Europa geknüpft sei; und die großen Staatsmänner und Helden, die jene wollten, wollten auch diese.« (Einleitung § 8, nachgedruckt in: *Europäische Geschichte*, hg. v. H. Günther, 1993, S. 362)

Danach erst, durch den Anstoß der Französischen Revolution und die Napoleonischen Kriege, die einen revolutionären Widerstand gegen die Besatzungsmacht in den bisher schlummernden Monarchien geweckt hatten, ändert sich die Lage. Nun wird es Gegenstand von Träumen und Sehnsüchten, von Enttäuschungen und von »Realpolitik«, mit Gewalt das rasch nachzuahmen, was England oder Frankreich in einem jahrhundertelangen schmerzvollen Prozeß zustandegebracht hatten: eine moderne Staatsnation, die sich dadurch erhob, daß sie in Religionskriegen eine Konfession auf Kosten der anderen durchsetzte, die ihren Mittelpunkt in einer Hauptstadt hatte und andere, zuvor selbständige Länder unterwarf und ausbeutete.

Jacob Burckhardts Lebenszeit fiel in diese Epoche. Er war aus seiner geographischen und politischen Randstellung in Basel, zwischen Deutschland und Frankreich, mit seinem an der Weltgeschichte geschulten klaren Blick einer der schärfsten Beobachter seiner eigenen Zeit, während er mit seiner Arbeit die Erinnerung an die Vergangenheit zu retten versuchte. Diese doppelte Leistung macht ihn zu einem vorbildlichen Historiker, während sehr gelehrte Kollegen die eigene Epoche verkannten und auch noch die Vergangenheit aus politischer Tendenz vereinnahmen wollten.

# *Genuß und Anleitung dazu*

Ehe Jacob Burckhardt die Entscheidung traf, sein Leben der Geschichte zu widmen, hatte er sich unsicher und eher lustlos in der Theologie herumgetrieben. Dabei tröstete er sich mit historischen und kunstgeschichtlichen Arbeiten und rettete sich in den Ferien nach Italien. Zu der Entscheidung für das Studium der Geschichte gehörte ja auch die Vorstellung, daß eine Existenz sich auf dieses Studium gründen konnte.

Schaut man auf seine Entwicklung, so zeigte sich keine ausgesprochene Begabung. Er war kein guter Schüler und fiel zunächst nur durch die schöne Stimme und musikalisches Talent auf. Dann kam das Dichten oder Reimen, das man damals eben wie Hausmusik unter Anleitung eines begabten Lehrers in einem »Kränzchen« pflegte. Dieser Lehrer war kein geringerer als Wilhelm Wackernagel, der in Berlin im Geiste von E. T. A. Hoffmann seine Jugend verbracht, die deutsche Philologie studiert hatte, aber die verehrten Meister des Faches auch gleich durch die Fälschung eines »unbekannten mittelhochdeutschen Gedichtes« neckte, das diese ernsthaft kommentierten. Damals nahm die Schweiz begabte junge Deutsche auf, die es unter der Zensur und Überwachung der großen und kleinen Polizeistaaten zu Hause schwer hatten.

Aber weit über das musikalische und das poetische Talent stellte sich die Gabe eines Auges, das die Formen und Werke der Kunst wie die Lebensweisen und Taten der Menschen in einem geschichtlichen Zusammenhang anzuschauen verstand. Es war lange Zeit Mode, solche Gaben als Ästhetizismus und Eskapismus abzutun, weil man damit in der Ochsentour akademischer Karrieren ja nichts werden könne. Jacob Burckhardt wäre trotz solcher Gaben und trotz Lehrern, die zu Freunden wurden, beinahe nichts geworden. Die prekäre Stellung an der winzigen Basler Universität, die lange Zeit wegen Mangel an Studenten von der Schließung bedroht war, gewährte keine Sicherheit.

Wenn man heute das Wort ›Universität‹ hört, denkt man an eine Einrichtung von doch etwa 10 000 bis 25 000 Studenten. Aber der Kanton Basel-Stadt hatte zwischen dem 18. und der Mitte des 19. Jahrhunderts gerade einmal so viele Einwohner, 25 000, als Jacob Burckhardt selbst dort studierte; doch er wuchs rasch und am Ende des 19. Jahrhunderts waren es bereits 100 000. Die Bevölkerung Basels nimmt in seiner Lebenszeit um fast das Siebenfache zu, vor allem durch Zuwanderung aus der Schweiz und aus Deutschland. Als Burckhardt zu lehren beginnt, hat die Universität 27 Studenten und ist in ihrer Existenz bedroht. Man bildete die benötigten paar Pastoren, Ärzte, Juristen und Gymnasiallehrer aus. Die Professoren der philosophischen Fakultät unterrichteten daneben am ›Paedagogium‹, das man heute als Sekundarstufe II bezeichnen würde. Das taten auch Burckhardt und später der junge Professor Friedrich Nietzsche. Da zählte die Universität bereits wieder zwischen 150 und 200 Studenten.

Als unbesoldeter Privatdozent verdiente man sich durch den Unterricht am Paedagogium den Lebensunterhalt. Daneben gab es die zahlreich und auch von Frauen besuchten akademischen Vorträge, mit denen die Universität auf die Bürgerschaft wirkte, und Jacob Burckhardt verdingte sich daneben für eine Zeit als Redakteur der *Basler Zeitung* während der politisch brisanten sogenannten ›Jesuitenunruhen‹ in benachbarten katholischen Kantonen. Daneben redigierte er, auf Empfehlung Kuglers, die kunstgeschichtlichen Artikel für die 9. Auflage von Brockhaus' Konversationslexikon. Auf Ende 1845 hatte er die Redakteurstätigkeit gekündigt, bis in den März 1846 schrieb und redigierte er die Lexikonartikel fertig (insgesamt etwa 70 neu, 160 wesentlich ergänzt und ebenso viele revidiert mit Zusätzen), um sich aus einer ihn bedrängenden und politisch hoffnungslosen Umgebung nach Italien zu retten.

Es war eine kalkulierte Knechtschaft gewesen, um sich die materielle Basis für einige Jahre der Freiheit zu schaffen. Und diese Freiheit war nicht irgendeine, sondern bewußt gewählt die Freiheit der Anschauung und des Genusses der Werke der Kunst des Altertums und der Renaissance. Wie einst Winckelmann und dann, noch ohne voneinander zu wissen, Goethe und Karl Philipp Moritz, so ließ er seine Vergangenheit hinter sich, um ein Bad des Vergessens und der Neugeburt zu nehmen. Schon länger gärt es in ihm und er läßt sich – probeweise und scherzhaft – zu solchen Äußerungen hinreißen: »Vivat die Lumperei und das Durchbrennen! Gerade weil ich ein so besonnener, ordentlicher Mensch bin, habe ich ein Recht, so zu sprechen; denn mit den Eventualitäten muß man sich doch vertraut machen.«

So etwas schreibt man nur an vertraute Freunde. Und das war vor allem Gottfried Kinkel in Bonn, auch ein entlaufener Theologe, der die Kunst und die heidnische Antike liebte, aber erst durch seine Bindung an eine musikalisch hochbegabte, jedoch als Katholikin in Scheidung lebende Frau in seiner Fakultät unmöglich geworden war. Ein begabter Brausekopf, der während der Revolution von 1848 in Schwierigkeiten geriet und dann in Zürich Kunstgeschichte lehren konnte. Ihm verdanken wir eine Charakteristik des jungen Burckhardt, wie sie kein anderer gegeben hat. Ihn hatte bei Jacob Burckhardt sofort »das feinste Gefühl für bildende Kunst und ein herrliches Talent für Geschichtsdarstellung (...) bezaubert«:

»Mit Burckhardt Galerien oder Bauten zu besehen, war der höchste Genuß, weil er sowohl die feinste Geistigkeit als den sinnlichen Reiz der Kunst vollkommen verstand und jedes Werk in seinem Zusammenhang mit den Ideen und Tendenzen seiner Entstehungszeit begriff. Es war traurig, daß er sein Dichtertalent selbst zu gering anschlug, um mit ihm das Beste zu leisten, dessen er fähig war: denn wie er überhaupt alles machen und ausrichten konnte, was er nur wollte, so bewegte er sich auch in allen Dichtungsgattungen mit unerhörter Leichtigkeit und dem feinsten Geschmacke. In der erzählenden Gattung schrieb er die reizendsten Erfindungen in wenig Stunden in zierlichen Versen nieder; jede Reise brachte ihm einen Strauß kleiner Blüten, aus denen der feinste Duft des Natur- und Volkslebens hauchte, und im Liederspiel vereinigte sich ihm fröhliches Leben mit aller Fülle warmen Gefühls. Einen reicher begabten Menschen und der zugleich im Genusse meisterlicher und anmutiger gewesen wäre, habe ich nie gekannt.« (Gottfried Kinkel, *Selbstbiographie, 1838–1848*, hg. v. Richard Sander, Bonn 1931, S. 98; Kaegi, II, S. 125 f.)

Dem aufmerksamen Leser fällt gewiß die große Zahl der Superlative auf. Kinkel ist doch ein Schwärmer, und nicht nur sich selbst gegenüber urteilt Jacob Burckhardt verhaltener und strenger. Er hatte schon eingesehen, was der andere nicht begreifen will, daß aus dem Reimen und Dichten keine Poesie wird. Die Geschichte selbst ist »die höchste Poesie« für Jacob Burckhardt geworden, und wenn er deren Anforderungen Genüge zu leisten vermöchte, was kaum einem gelungen war, dann würde er Großes leisten. Das ist eine Lebenseinsicht, auf die schon der Student, wie wir sahen, seine geistige Existenz gründete. Darin, daß er nicht dichtet wie manch anderer, sondern Geschichte schreiben wird, wie noch keiner vor ihm, liegt eine Ahnung seiner Lebensaufgabe.

Aber Kinkels Zeugnis ist doch kostbar, weil es die Feinheit der Wahrnehmung und die Fähigkeit zum intensiven und doch beherrschten Genuß dokumentiert. So etwas schreibt sich einer ja nicht selbst zu. Dafür braucht man das Zeugnis der vertrauten Freunde. Dabei ist ›Genuß‹ in der vollen Bedeutung des Wortes kein oberflächliches Vergnügen, sondern heißt, etwas bis ins Tiefste zu erfassen, mit Geist und Sinnen. Diese Fähigkeit ist es, die ihn von dem aktuellen Geschehen, das seine deutschen Freunde erregt und teilweise verzehrt, loslöst. Er fühlt sich, »ganz im Stillen, aber komplett« mit seiner Zeit überworfen, und deshalb entweiche er »in den schönen faulen Süden, der der Geschichte abgestorben ist und als stilles, wunderbares Grabmonument mich Modernitätsmüden mit seinem altertümlichen Schauer erfrischen soll. Ja, ich will ihnen allen entweichen, den Radikalen, Kommunisten, Industriellen, Hochgebildeten, Anspruchsvollen, Reflektierenden, Abstrakten, Absoluten, Philosophen, Sophisten, Staatsfanatikern, Idealisten, -aner und -iten aller Art –.«

In diesem vorweggenommenen Abschiedsbrief bricht die Ahnung großer politischer Krisen in ihm durch. Er hatte gelernt, im kleinen Basel bewahrend zu denken, und das manchmal konservativ genannt. In Deutschland merkte er aber, daß ihn mit den dortigen Konservativen gar nichts verbindet, schon mit Rankes Tendenz als Geschichtsschreiber. Da ist er mit den frühen Liberalen einig, die schon nach 1848 zum großen Teil nicht mehr liberal denken. Er sieht das, was er seine und seiner Freunde »Bestimmung« nennt: »Neugestalten helfen, wenn die Krisis vorüber ist.« Und dabei fällt der Begriff für das »Interesse«, für das er selbst, wenn man schon untergehen muß, unterzugehen bereit ist: »die Bildung Alteuropas«. (28. 2. 1846) Auch da muß man vorsichtig sein.

Die Bildung Alteuropas, das ist die selbst erworbene und in Arbeit und Genuß angeeignete Bildung, die Poesie und die bildenden Künste. Das darf man nicht verwechseln mit einem ideologischen Gebrauch des Wortes »Alteuropa« durch Historiker und andere, die damit das neuere Staatsrecht und die Menschen- und Bürgerrechte ignorieren wollen. Wenn man sich die richtigen Quellengattungen und die entsprechenden Landschaften heraussucht, so setzt sich dort das Mittelalter ungebrochen beinahe bis zum Ersten Weltkrieg fort. Aber das ist nicht die ganze Geschichte, das ist nicht Alteuropa, und mit Bildung hat es schon gar nichts zu tun. In der Fülle der Arbeiten, die erledigt werden müssen, liest Jacob Burckhardt »in verstohlenen Augenblicken«, wie er sagt, »Dante und andere Heiden«. Und was war Dante für ein wahrhaft umstürzlerischer Geist, der Kaiser und Päpste vor die Schranke seines Gerichtes rief, statt sich ihnen zu unterwerfen!

Um etwas zu genießen, muß man sich einen gewissen Abstand zu der Wichtigtuerei der Moderne schaffen. Man sucht ein Land auf, worin die Zeit stehengeblieben zu sein scheint, und dort eine Stadt, die voller Erinnerungen an alte Herrlichkeit und voller Werke der Kunst ist. Das war Rom.

# *Rom*

Während andere europäische Hauptstädte Zentren der Macht, der sozialen Bewegungen, der Industrie, der Erfindungen und des Handels waren und auch deshalb besucht wurden, schienen die Dinge in Rom stehengeblieben zu sein. Die Ruinen des Altertums behaupteten sich gegen alles Neue. Und das Erstaunlichste davon schien sich ohne Bruch aus dem Alten entwickelt zu haben. Die Konzeption der Peterskirche mit ihrer gewaltigen Kuppel hatte Michelangelo selbst an römischen Vorbildern erläutert: Es bedeute, das Pantheon auf das Colosseum zu türmen. Die Künstler, die seit Poussin und Lorrain nach Rom kamen und möglichst gar nicht wieder gingen, liebten die Ruinen in heroischer Landschaft, wie sie die Campagna und die Berge in der Nähe boten. Als anderswo sich die Aufklärung zu verbreiten suchte, und das hieß ja auch Modernisierung der Städte, Trennung des Ländlichen und Städtischen und sogar schon langsam Hygiene, da weideten in Rom immer noch die Kühe auf dem Forum und die Landleute gingen mit ihren langen Messern im Gürtel.

Wer Rom liebte, fand die Vorstellung schrecklich, daß gerade diese Metropole der Antike und des katholischen Christentums eine »polizierte Stadt« werden sollte (Wilhelm von Humboldt). Die herrliche Anarchie gehörte dazu, so wie die athletischen Modelle der Maler, wie Karl Philipp Moritz erzählt, fast alle im Affekt zum Messer gegriffen und einen Mord begangen hätten. Da, wo die Künstler lebten, in der Nähe der Spanischen Treppe, herrschte spanisches Recht und die Flüchtigen genossen Asyl vor den Häschern des Papstes. Es schien eine malerische Welt zu sein und eine von antikischer Würde, denn außer den Juden im Ghetto, die sich jeden Karfreitag (mit verstopften Ohren) eine Bekehrungspredigt anhören mußten, arbeitete niemand, wenn es nicht gerade zu einem Konklave kam.

Die Wirtschaft in den Ländern des Kirchenstaats wird von den aufgeklärten Reisenden aus dem Norden so beschrieben wie vor kurzer Zeit die des Staatssozialismus. Verhinderung der Produktivität, Bestrafung derjenigen, die arbeiten, durch ein unsinniges Steuer- und Verteilungssystem. Man kann nur den Kopf schütteln, wenn man aus den sich modernisierenden Staaten West- und Mitteleuropas kommt. Aber man lebt dort, und Jacob Burckhardt wird an den römischen Bettlern die Würde und, wie er sagt, »Artigkeit« schätzen im Vergleich zu all der aufgeregten Betriebsamkeit im Norden.

Ganz abgekoppelt von den europäischen Dingen war dieses seltsame Italien freilich nicht. Napoleon hatte es in Unruhe versetzt durch seine rasche Eroberung. So stellt auch Burckhardt fest, Italien habe »sich dem Einfluß der ungeheuren Weltereignisse seit 1796 fügen müssen«. Änderungen sind gewiß eingetreten und es schien durchaus möglich, daß die österreichisch beherrschten Staaten sich von diesem Druck befreien werden, nur solle man daraus nicht gleich auf die Wiedergeburt altrömischer Größe schließen: »Bei einer so durchgehenden Selbstsucht des Individuums ... muß man von vornherein an jeder größeren politischen Entwicklung verzweifeln.«

Der Aufenthalt in Rom muß abgekürzt werden, da Franz Kugler in Berlin wichtige Aufgaben für den jungen Kunsthistoriker hat, der sich bei der Bearbeitung der Brockhaus-Artikel bereits bewährt hatte. Jetzt geht es um die Neufassung oder Ergänzung der von Kugler in kühnem Wurf geschriebenen Handbücher. Er hatte damit Pionierarbeit geleistet, da es bis dahin kaum zusammenhängende kunsthistorische Darstellungen gab. 1837 hatte er das *Handbuch der Geschichte der Malerei von Konstantin dem Großen bis auf die neuere Zeit* in zwei Bänden herausgebracht, und nach regionalen Studien zur preußischen und pommerschen Kunstgeschichte, dem Buch über Friedrich den Großen und einem Band Gedichte machte er sich an das *Handbuch der Kunstgeschichte* (1842). Darin wird der gesamte Bereich der Kunst dargestellt, wie es Alexander von Humboldt in seinem *Kosmos* mit der Natur getan hatte, von fernen Kontinenten und der unsicheren Einschätzung der Monumente alter Kulturen an bis zu dem, was damals moderne Kunst war.

Jacob Burckhardt muß seine Freiheit in Rom früher aufgeben, als er es geplant hatte. Das vertieft nur die Intensität des Genusses und die spielerische Laune, sich dem Genius des Ortes hinzugeben. Er wohnt über der Stadt mit prachtvollem Blick auf die Bauten und Kuppeln und gesteht: »Meine Aussicht allein schon, besonders die Sonnenuntergänge über Monte Mario – es ist zum verrückt werden.« Poetisch sucht er sich kauzige Themen und nimmt sich etwa vor, »den alten Saturn, wie er als Tabuletkrämer an den Tiber kommt und das ›Geschäft‹ allmählich zu einem Kramladen ausdehnt und die Eingeborenen die Mandoline, den Saltarella und die Morra lehrt, wovon noch die Redensart herkommt: einen mores lehren«. (18. 5. 1846, an G. Kinkel) Dazu kritzelt er scherzhaft – nach »einer althetruskischen Kruke im Vatican« – den Saturn mit der Sense als Händler in einem ›Sale e Tabacchi‹ und dazu den Ladentisch Saturns mit der üblichen Warnung vor den Folgen des Anschreibenlassens der schuldigen Zeche.

Bei der Zwischenstation in Basel schreibt er im September, ebenfalls an Gottfried Kinkel: »Ich könnte Dir in Rom verschiedene Stellen zeigen, auf der Straße, in Gärten usw., wo mich ohne besonderen Anlaß das Gefühl überraschte, daß ich jetzt vollkommen glückselig sei; es war eine plötzliche, vom Genuß nicht abhängige, innere Freude. Eine dieser Stellen ist auf der Treppe des Palazzo Farnese, beim ersten Absatz, also nicht einmal eine sonderliche Lokalität. Eine andere Stelle, wo ich in den ersten Tagen des Mai einmal dasselbe Gefühl hatte, ist rechts von der Fontana Trevi. Ich fühlte mich zu Rom in einer Harmonie aller Kräfte wie ich sie nie gekostet...«

Und was das Dichten angeht, so schreibt er den Freunden: »Ihr wollt's nicht glauben. Gedichte machen – ja! aber Gedichte herausgeben – ne!« Eine Strophe römischer Erinnerungen aus jener Zeit, in Venedig entstanden, sei dennoch zitiert:

Und doch, es stillt dies Herze nicht
Es gibt ihm nicht den süßen Frieden,
Der leis aus Roms Ruinen spricht,
Wenn voll die Sonne hingeschieden,
Wenn Abendglut die Stadt umwallt,

Und Tau sich mischt und Blütendüfte,
Wenn von den sieben Hügeln schallt,
Der Glocken Laut in reine Lüfte.

»Berlin tritt mir in gewohnter Scheußlichkeit entgegen, und die Sehnsucht nach Rom quält mich täglich mehr«, meldet er Ende des Jahres 1846. Wieder denkt er ans Ausreißen und Durchbrennen, und unterläßt es Kuglers wegen. Und nicht lange danach, Ende Februar 1847: »Ach Gott, wie öd und fad liegt diese hiesige Welt um mich her! Wie ganz anders war das in Rom, wo Erinnerungen, Volksleben und Kunst jeden gemeinen Gedanken in nichts auflösten und jede Stimmung auf den Adlerschwingen der Poesie in den verklärten Aether trugen!« Und anläßlich eines Todesfalls schweifen seine Gedanken weithin: »Aber das muß ich sagen, im hiesigen Sand möchte ich nicht begraben liegen. Wenn es einmal glücklich zu Ende geht, dann bringt mich nach Rom und logiert mich in einer der Straßen am Abhang des Quirinals, mit den Fenstern gegen das Capitol und den Janiculus; dort legt mich ans Fenster, wenn es Ave Maria läutet und die Sonne hinter die Berge geht; da will ich mit Vergnügen sterben. Oder auch irgendwo am schroffen Strande des Mittelmeers, in einem der alten Sarazenentürme; dann werfe man mich ins Meer, wo es am tiefsten ist:

Versenkt mich ins Tyrrhenische Meer!
Das ist die stillste Grabesgrotte!
Dort liegt von alten Zeiten her
Manche karthagische Silberflotte, ...

Vielleicht in später, später Zeit
Wann wieder jung die Welt geworden,
Tönt auf den Fluten weit und breit
Jubel von hohen Schiffesborden.

Auf goldnem Heck wird Helena
Von Paris Arm umschlungen thronen;
Ob ihrer Schönheit fern und nah
Jauchzen die Nymphen und Tritonen;

Bekränzte Purpursegel schwellt
Ein Balsamhauch, und Lieder tönen:
»Wandelt vorbei, Zeitalter der Welt!
Ewige Jugend verbleibt dem Schönen!«

Der Blick auf das Kapitol beim Läuten des Ave Maria ist ein geschichtsphilosophischer Moment. In einer solchen Lage hatte Edward Gibbon am 18. Oktober 1764 sein Werk vom Niedergang und Fall des römischen Reiches konzipiert, aber nicht voll Sehnsucht, sondern voll abschätziger Verwunderung über die barfüßigen Mönche, die dort ihr Glöcklein bimmelten, wo einst der Mittelpunkt des römischen Weltreichs war. Das Entsetzen über die Fallhöhe eines solchen Sturzes ließ den britischen Untertan nachdenklich werden. Für Jacob Burckhardt ist dieses Rom, das in seiner ruinösen Gegenwart die große Vergangenheit enthält, das wahrhaft Erstaunliche. So hatte er aus Venedig nach Hause geschrieben: »... aber ich möchte doch in ganz Italien nirgends auch nur vier Monate bleiben, ausgenommen Rom, welches ich vor allen Städten, die ich kenne, zu meinem Lebensaufenthalt machen möchte, und außer dessen Mauern ich nie mehr ganz glücklich sein werde. Aber was hat auch dazu gehört, um aus Rom das zu machen, was es ist! Neapel, Florenz und Venedig haben nicht wie Rom zweimal die oikoumenē zu ihren Füßen gesehen! –« (13. 8. 1846)

Jetzt macht er in Berlin, noch nicht dreißig Jahre alt, die bittere Erfahrung, die nur wenigen begabten Menschen erspart bleibt, daß so viele der Hoffnungen von einst inzwischen verkümmert sind: »Wir haben Tausende gekannt, die in der Jugend, auf deutschen Hochschulen, wahre Vulkane von Unmittelbarkeit, selbst von Originalität und von Poesie zu bleiben oder zu werden versprachen und jetzt teils servile, teils liberale Philister sind.« Und seine gegenwärtige Umgebung spricht ihn nicht freundlicher an: »Gesamteindruck von Berlin: zum Davonlaufen, scheußlich, niederträchtig, gemein bis ins Bösartige und dabei glücklicher Weise lächerlich.« (5. 12. 1846) Von daher wird seine Sehnsucht stärker und der Ekel über das Fortschrittsgeschwätz und die moderne Bildung, die vorgetäuschte, die »keinen Schuß Baumwolle wert« ist, bekräftigt das nur noch.

Es sind keine starken Verse, die er reimt, aber ein deutliches Gefühl: »Was soll mir fürder dieser Norden / Mit seinen trivialen Horden? / Was Schönes auch sein Schoß erzeugt, / Es stirbt verbittert und gebeugt.« Wenn ihm so recht zum Durchbrennen zu Mute ist, so finden sich auch die Worte, und die Verse klingen aus in einem Reisesegen, der sich bittend äußert:

O nimm, du heißgeliebter Süden,
Den Fremdling auf, den Wandermüden!
Erfülle seine Seele ganz
Mit deinem heitern Sonnenglanz!

Laß rings um ihn den Wunderreigen
Der alten Götter leuchtend steigen!
Zeig' ihm aus alt und neuer Zeit
Gestalten voll Unsterblichkeit!

Laß ihn dein Volk, laß deine Frauen
In abendlichem Tanze schauen!
Mit aller Schönheit Zauberwein
Schläfre die bange Seele ein!
(Berlin, 23. März 1847.)

Inzwischen lindert er die Sehnsucht nach dem Süden durch Lektüre antiker Autoren, die er nun zum erstenmal rein zum Vergnügen liest. Und man denkt an die verwandte Anschauung Aby Warburgs, wenn er zur gleichen Zeit gesteht: »Eine griechische Statue kann mich ganz wehmütig machen. Ich könnte Dir im Vatican die Stelle zeigen, wo mir zum erstenmal die Augen etwas aufgingen über das Altertum. Es war bei der Statue des liegenden Nilgottes.« Und er merkt am Gegensatz zu einer sich gerade in der Schule Rankes verbreitenden Enge und Geistlosigkeit der Zielsetzung, daß die Aufgabe des Historikers anders definiert werden muß:

»*Das* wissen diese und andere Leute nicht mehr, daß wahre Geschichtsschreibung ein Leben in jenem feinen, geistigen Fluidum verlangt, welches aus Monumenten aller andern Art, aus Kunst und Poesie ebensogut dem Forscher entgegenweht, wie aus den eigentlichen Scriptoren.« (17. 4. 1847) Und Jacob Burckhardt ist in Rom und muß über seine Zukunft verhandeln. Ob er in Berlin als Bibliothekar der Akademie der Künste, ähnlich wie früher einmal Karl Philipp Moritz nach seiner Italienreise, Anstellung findet oder als Professor in Basel? »Wie provisorisch ist unser ganzes Dasein! In den tollen Carneval mitten hinein fuhr die Bombe der Pariser Revolution (...) Und nun diese greulichen Details, wenn sie wahr sind: die Republik proklamiert, der König tot am Schlagfluß, der Louvre verbrannt – ach Gott, Minister und Konstitutionen kriegt man immer wieder, aber wer gibt mir die Venus von Milo und Murillo's ›heilige Empfängnis‹ zurück? Mit dem Louvre wäre ein Stück meines Lebens dahin.« (Rom 4. 3. 1848)

Die Nachricht von den Straßenkämpfen in Paris war eben eingetroffen. Zehn Tage später erst war der Aufstand in Wien, und noch einmal vierzehn Tage darauf fanden die Straßenkämpfe in Berlin statt. Im Briefwechsel Jacob Burckhardts folgt eine Lücke. Die vertrautesten deutschen Freunde sind mehr oder weniger in die politischen Ereignisse verstrickt. Kinkel wird verhaftet und zu Gefängnis verurteilt, später von Carl Schurz befreit, der in Amerika politische Karriere machen wird. Auch andere Freunde lenken ihren Blick auf das Land ohne Monarchien, Hofintrigen und politische Repression, das die junge Staatengemeinschaft damals war. Jacob Burckhardt nimmt Abschied von diesen Freunden, voller Sympathie und Verständnis für ihre Lage und doch völlig darüber im klaren, daß er einen anderen Weg gewählt hat.

Seine Verantwortung gilt der europäischen Kultur. Nur wenige konnten sich damals vorstellen, wie schnell eine lebendige Beziehung dazu abbrechen kann. Jacob Burckhardt hatte sich geschworen, »lesbar zu schreiben«, und das heißt, nicht den von ihm verabscheuten Viri eruditissimi zu schmeicheln, indem man ihnen noch einen Beleg und eine Bestätigung ihrer These oder eine höfliche Korrektur vorlegt.

Er will ein breites Publikum ansprechen. Eine »Bibliothek der Kulturgeschichte« hatte er geplant, von der Antike an: »Das perikleische Zeitalter – die spätere römische Kaiserzeit – das achte Jahrhundert – die Hohenstaufenzeit – das deutsche Leben im 15. Jahrhundert – das Zeitalter Raffaels, usw.« Seine deutschen Freunde, die in die Revolution gezogen wurden, arbeiteten an ähnlichen Dingen, wenn sie nicht in die Politik gerissen wurden. Man sollte deshalb nicht pathetisch Bewahrung gegen Umsturz stellen. Der Historiker muß beides verstehen. Das Nachdenken in einem Winter in Rom läßt ein Lebenswerk skizzieren, für den Fall, daß er keine Anstellung an einer Universität erhält. Ausgeführt wurden davon die *Griechische Kulturgeschichte*; die *Zeit Constantins des Großen* und die *Kultur der Renaissance in Italien*; die Pläne für das Mittelalter werden nicht verwirklicht, aber die *Weltgeschichtlichen Betrachtungen* geben einen Blick auf das Ganze, das mehr ist als alle Teile.

»In den tollen Carneval mitten hinein fuhr die Bombe der Pariser Revolution«: Er weiß, daß seine gleichaltrigen Freunde in Deutschland von den Ereignissen mitgerissen werden. Vielleicht hatte er in diesen Wochen den Vorteil des Standorts Rom. Hier war die Gegenwart angesichts der Ruinen der Vergangenheit zu lächerlich. Der politische Boden schwankte zwar auch hier unter den Füßen des neugewählten Papstes Pius IX., doch dem Willen zu überfälligen Reformen im Kirchenstaat mangelte die Kraft, sie durchzuführen. In Berichten für die *Basler Zeitung* vertritt er eine überlegen liberale Anschauung der Dinge in Rom, so sehr, daß ein anderer Basler Gelehrter, der Mythenschöpfer Johann Jakob Bachofen, Burckhardt eines »dämonischen Mazzinismus« (nach dem italienischen revolutionären Theoretiker Giuseppe Mazzini) verdächtigt.

Von Basel aus macht er im Sommer einem der deutschen Freunde den Unterschied deutlich, den seine römische Entscheidung bezeichnet. »Du hast wirken wollen, und Dich deshalb mit dem Zerfallenen und Verworrenen abgeben müssen; ich will schauen und suche das Harmonische.« Jetzt muß er aber auch Wort halten. Diese Entscheidung fordert Werke.

# *Der Mensch und die Zeit*

Der römische Gott der Zeit, Janus, hat zwei Gesichter und schaut in entgegengesetzte Richtungen. Er deutet auf Anfang und Ende. Die Zeit hat aber auch zwei Weisen, in denen sie wahrgenommen wird. Sie ist Vergänglichkeit und Dauer. Dazu muß der Historiker Stellung nehmen. Wenn er seiner Aufgabe gewachsen ist, so wird er stets das noch Unvergangene aufsuchen, aber er kann das an den einmal gewesenen und vergangenen Ereignissen darstellen oder an dem, was bleibt. Heute kommt als Gegenbegriff zu den Ereignissen gleich die Struktur in den Sinn, als könne man so einfach neben das alte Erzählen der Haupt- und Staatsaktionen eine Strukturgeschichte setzen!

In der zweiten Hälfte des 18. Jahrhunderts, in der Zeit der Aufklärung, versuchten die Theoretiker der Geschichte, zwei Typen der Geschichtsschreibung und -forschung einander gegenüberzustellen. Das unterscheidende Kriterium war das der Zeit, und man versuchte das zu definieren, was die moderne Wissenschaft als »synchron« und »diachron«, als gleichzeitig und aufeinanderfolgend bezeichnet. Gewiß nicht mit mathematischer Strenge. Es ging darum, neben der ›Weltgeschichte‹ in dem Nacheinander ihrer Ereignisse eine ›Geschichte der Menschheit‹ in ihrer wesentlichen Gleichzeitigkeit zu konzipieren. Dabei entspricht ›Weltgeschichte‹ der traditionellen Geschichtsschreibung, während die ›Geschichte der Menschheit‹ der heutigen Ethnologie und Anthropologie entspricht.

»Menschheit« heißt bei den Autoren des 18. Jahrhunderts etwas anderes als heute. »Menschheit« ist nicht die Gattung Mensch insgesamt, das Menschengeschlecht, wie wir das Wort heute gebrauchen, sondern die Eigenschaft und der Charakter des Wesens Mensch, die ihn von anderen Lebewesen unterscheiden. Es ist also die Qualität,

Mensch zu sein, »la qualité d'homme« der französischen Denker. ›Weltgeschichte‹ war als Linie in der Zeit, von einem Anfang, etwa von der Schöpfung der Welt noch nach dem biblischen Bericht bis in die Gegenwart gedacht. Was in der Zeit eine Linie war, sollte in der pragmatischen Verknüpfung die Kette der Ereignisse sein, und auch wenn sich da mehrere Ursachen verflechten, wie die Ahnen eines Menschen in seinem Stammbaum, so soll sie doch bei dem individuellen oder kollektiven Subjekt dieser Geschichte einheitlich ankommen.

Die ›Geschichte der Menschheit‹ dagegen dringt in die Ferne. Ihr Interesse ist nicht unhistorisch, denn sie studiert ja die Völker, die man auf einem ursprünglichen Zustand immer noch anzutreffen glaubte und deshalb ohne Abwertung »primitive« nannte, um zu erkennen, wie der Mensch der späten Zivilisation einst auch einmal gewesen sei. Sie sucht gemeinsame, dauerhafte, bleibende Züge menschlichen Verhaltens und studiert unter diesem Gesichtspunkt seine Religion, seine Überlieferungen, seine Gesittung und seine Sprache. Der kulturelle Hochmut kann sich völlig umkehren in romantische Sehnsucht nach dieser, vermeintlich kindlichen, Ursprünglichkeit. Sehr viel älter als Rousseaus Verbindung des edlen Wilden mit dem Kinde, die beide erst durch die Institutionen verdorben worden seien, ist die Auffassung einer ursprünglichen Weisheit und Überlieferung, die dann verlorenging und vielleicht wiedergewonnen werden könne.

Wenn man Glück hat auf fernen Reisen und den Menschen dort offen und freundlich begegnet und vor einer möglichen Enttäuschung schon wieder weiterreist, dann kann man leicht irdische Paradiese finden. Wer mit den Menschen auch bei längerem Verweilen ehrlich zusammenarbeitet, der wird ihre Fähigkeiten schätzen lernen und mit manchen Zügen seiner eigenen Gesellschaft vergleichen, die ungünstig dagegen abstechen. So sind die Berichte der Reisenden widersprüchlich und spiegeln deren Sehnsüchte und Erwartungen mindestens ebensosehr wie das Leben in der Fremde. Manche wollen sich auch die Enttäuschung nicht eingestehen und tragen künstliche Farben auf das Bild auf. Aber die Erfahrung der Fremde ist auch für das historische Arbeiten unumgänglich.

Gewöhnlich sind für den genaueren Beobachter die Riten und Ausschließungen dieser Gesellschaften nicht so einfach und ursprünglich, sondern schwer durchschaubar, kompliziert und oft grausam, wie zu Hause auch. Was dort wie Glück und Freiheit aussieht, wirft tiefe Schatten. Da man mit Gesellschaften und ihren Sitten nicht experimentell verfahren kann, ist es schwer, Gewinn und Verlust einzelner Sitten und Lebensformen abzuwägen. Sie sind Teil eines Ganzen und wandeln sich in Einzelzügen sehr rasch, so daß jede Generation die nächste nicht mehr zu verstehen meint, aber in ihren Grundstrukturen sehr langsam, so daß man immer noch Merkmale zu erkennen glaubt, die ein Beobachter vor langer Zeit notiert hat.

Die geschichtliche Erkenntnis aus dem Geist des deutschen Idealismus formuliert Wilhelm von Humboldt in Rom in einem Brief an Goethe: Wir sind es, die uns die Antike schaffen. Gegeben hat es sie nie. Die Menschen mit ihren Werken und Taten sind nur für uns antik, nicht für sie selbst. Unsere Erkenntnis bildet sie zu einem Ideal. Entsprechend gilt das für die Freiheit und das Glück der edlen Wilden. Wir haben sie mit unserer Sehnsucht und Zivilisationsmüdigkeit geschaffen. Ursprünglich können sie nicht sein, dazu ist das Menschengeschlecht zu alt. Ob sie einfach sind, weil sie weniger bedürfen, ist auch schwer zu entscheiden. Wenn wir ihre Vergangenheit nicht kennen, ist kaum auszumachen, ob sie Vertriebene sind, ob sie andere vertrieben und beseitigt haben.

Schon die Romantik mit einer erstmals intensiv betriebenen vergleichenden und historischen Sprachwissenschaft fand sich in dem Widerspruch, daß die Anfänge, sofern überhaupt erschließbar, nicht einfach sind. Die Sprachen verlieren Formen, schleifen sich ab, und so half man sich damit, das, was nicht einfach ist, doch vollkommen zu nennen und seine Entwicklung als Verfall darzustellen. Man gelangt so, wenn man das durchführen würde, zu einer ganzen Formenlehre unterschiedlicher Bewertung der gleichen Befunde. Und der Befund wird in aller Regel in der gewählten, oft nicht ganz bewußten Perspektive erst erstellt.

Als Jacob Burckhardt 1851 zum ersten Mal eine Vorlesung mit dem Titel »Einleitung in das Studium der Geschichte« ausprobiert (vor neun Hörern), ist die wissenschaftliche Romantik ebenso vorbei wie die Herrschaft des Hegelschen Systems in den Geisteswissenschaften. Das Jahrhundert der Aufklärung hatte nicht nur Rationalismus hinterlassen und den Willen, planend über die Geschichte zu verfügen, sondern auch einen Blick zurück in frühe Zeiten, der nicht von sentimentaler Sehnsucht, sondern von produktivem Entsetzen getragen war. Giambattista Vico hatte in seiner *Neuen Wissenschaft* (1725, und erweitert 1744) das ungezügelt und leidenschaftlich Wilde, aber Poetische nicht nur in Mythen und Liedern, sondern in Sitten und Institutionen erkannt. Herder hat später von der hebräischen Poesie aus, die er in den Schriften des Alten Testaments entdeckt hatte, in allen Überlieferungen, so fern und so früh wie irgend möglich, diese gemeinsame Ursprache des Menschengeschlechts gesucht. Das war lange her, und vielerlei philologisch genauere Einzelforschung war hinzugekommen. Aber Romantiker versuchten unbeirrt, auch Spätes, wenn es naiv schien, als früh und ursprünglich zu deuten. So erschienen den Brüdern Grimm die Märchen einer hugenottischen Großmutter, die sie auch in Perraults Sammlung von 1697 hätten lesen können, als Zeugnisse einer sehr alten und deutschen Überlieferung.

Jacob Burckhardt hält nichts vom Suchen der Anfänge und des Ursprünglichen. Dazu ist er zu sehr Historiker, und die Geschichte verbirgt mehr, als sie enthüllt. Was sie zeigt, ist spät, vielfach bedingt und abgeleitet. Noch weniger zeigt sie uns Ziele, gar ein einziges, oder »die Zwecke der ewigen Weisheit«, auch wenn große Kinder immer wieder danach suchen. Seine Überlegungen haben auch nicht die Absicht, professionelle Historiker auszubilden, sondern weisen zum »Studium des *Geschichtlichen*«. Sein Gegenstand sind deshalb nicht die großen Männer, sondern der Mensch. Und was man heute in einem weiteren Sinn anthropologisch nennen würde, bezeichnet er als »pathologisch«, weil es das Leiden und Dulden neben dem Handeln in den Blick nimmt:

»*Unser* Ausgangspunkt ist der vom einzigen bleibenden und für uns möglichen Zentrum, vom duldenden, strebenden und handelnden Menschen, wie er ist und immer war und sein wird; daher unsere Betrachtung gewissermaßen pathologisch (sein wird).

Die Geschichtsphilosophen betrachten das *Vergangne* als Gegensatz und Vorstufe zu uns als Entwickelten; – wir betrachten das *sich*

*Wiederholende, Konstante, Typische* als ein in uns Anklingendes und Verständliches.« (*Studium*, S. 226f.)

Bei hoher Achtung vor der Philosophie, die er nicht für seine Sache hielt, warnt er vor allem, was von Hegels schwächlichen Nachfolgern und von Propheten des technischen Fortschritts damals ›Geschichtsphilosophie‹ genannt wurde. Wir müßten es uns übersetzen als »aufgesetzte Deutung der Geschichte«, die nicht aus den Quellen folgt, sondern aus den Vorurteilen, »welche die Philosophen seit dem dritten oder vierten Lebensjahr eingesogen haben«. Aus einem strikten Gegensatz von Geschichte als dem »Koordinieren« eines Nebeneinander und von Philosophie als systematischem »Subordinieren« folgert er, daß schon der Begriff ›Geschichtsphilosophie‹ ein Widerspruch in sich selbst sei. Er nennt ihn nach den Fabelwesen der Antike, die aus Pferd und Mensch zusammengesetzt sind, einen Kentauren. Und da er die Mythologie liebt, hat er eigentlich gar nichts gegen Kentauren, wenn sie sich nicht in anderer Leute Geschäfte mischen. Es gibt ganz besonders ansehnliche, so Augustinus, und andere, wie Herder, der »einzelne mächtige Ausblicke durch den Wald gehauen und Salz in die Geschichte gebracht« hat.

So kann er ein Zugeständnis machen: »Immerhin ist man dem Kentauren den höchsten Dank schuldig und begrüßt ihn gerne hie und da an einem Waldesrand der geschichtlichen Studien.« Das ist nicht irgendein Vergleich, sondern weist auf eine Bildvorstellung, die der von Burckhardt geschätzte Basler Maler Arnold Böcklin in seinen mythologischen Bildern mit südlichem Zauber verwirklicht hat. Böcklin ist nicht nur der Maler der »Toteninsel«, deren düsteres Pathos bleibenden Eindruck macht, während man seinen in den Wogen spielenden Najaden nicht mehr so recht folgen will. Er kann einem Satyr im Schilf das sonnige Glück des Ruhens am Wasser geben und dem Kentauren alles Befremdliche seiner mythischen Anatomie nehmen; ihn so glaubhaft in die Stimmung der Rast auf einer Abruzzenwanderung versetzen, daß Burckhardt ihn zitieren konnte.

Aber auch da scheint die Geschichte, für den Augenblick der Betrachtung zumindest, stillgestellt. Gewöhnlich meint man doch, die Geschichte habe es mit dem Einmaligen zu tun und damit, wie es dazu gekommen ist und was daraus folgte. Hier aber steht »das sich Wiederholende, Konstante, Typische« im Mittelpunkt, und zwar deshalb, weil es für uns verständlich ist. Und dieses Typische aber, vollständig verwirklicht in bestimmten geschichtlichen Lebensformen, die nicht so bleiben können, die untergehen, während etwas Neues entsteht, berührt uns, weil wir selbst in geschichtlichen Krisen, im Wandel historisch geprägter Lebensformen uns befinden.

Während die getadelten »Geschichtsphilosophien«, aber auch viele Historiker etwas deuten und erzählen, wie es geworden ist, woraus es sich entwickelte und wie es bis zum jeweiligen Ich und Wir gelangt ist, schwört Jacob Burckhardt den damals sogenannten »weltgeschichtlichen Ideen« ab und stellt mit stolzer Bescheidenheit fest: Wir »begnügen uns mit Wahrnehmungen und geben Querdurchschnitte durch die Geschichte, und zwar in möglichst vielen Richtungen«. Diese methodischen Querschnitte halten den Verlauf der Geschichte an. Sie folgen nicht den sich nur langsam ändernden Strukturen in deren ›langer Dauer‹, die sich auf geographische und klimatische Gegebenheiten stützen. Sie heben die Zeit auf. Sie abstrahieren von dem Verlauf in einer gewissen Dauer, um das Konstante zu erkennen, das sie aber in seinem Wandel, in der Vergänglichkeit seiner äußeren Bedingungen festhalten.

Der Historiker, der den synchronen Querschnitt untersucht, kann den diachronen Verlauf nicht ausblenden. Er setzt ihn vielmehr voraus. Er braucht ihn, um den Wandel der Dinge zu begreifen, worin er das sich Wiederholende erkennen will.

# *Das Geschichtliche*

Methodisch kann man einiges trennen und abstrahieren, wenn es einen Erkenntnisgewinn verspricht. Aber man muß auch, und das ist schwerer und wichtiger, wesentliche Elemente miteinander verbinden können, um zu fruchtbaren Einsichten zu gelangen. Jacob Burckhardt hat die beiden Perspektiven, die anthropologische und die historische, miteinander verknüpft und aufeinander bezogen. Dadurch sind die *Weltgeschichtlichen Betrachtungen* zu dem Buch geworden, das nicht altert und noch an Aktualität gewinnt. Man muß tief in die Zeit zurückgreifen und die besten Denkmäler geschichtlicher Erinnerung mit neuen Augen lesen. Und man muß die unterschiedlichsten Erfahrungen aufeinander beziehen, wenn man das Typische und Konstante herausfinden will – das, was uns noch angeht.

Im Wandelbaren der geschichtlichen Erscheinungen zeigen sich die Werke des Geistes in ihren Bedingungen, den Lebensformen, die eine Gesellschaft zu einer bestimmten Zeit in ihrer Umgebung hervorbringt. Es geht um Wahrnehmungen. Die Geschichte darf man nicht überfordern und unter das falsche Modell exakter Wissenschaften stellen. Von all den vermeintlichen historischen Gesetzen ist nichts geblieben, und die Voraussagen treffen nur zu, wenn sie sehr allgemein bleiben. Aber wahrnehmen kann man bei der Betrachtung der Geschichte einiges, und dafür empfiehlt es sich, eine bestimmte Anordnung zu treffen.

Ein wenig geheimnisvoll klingt die Lehre von den »drei Potenzen« und den »sechs Bedingtheiten«. Aber Jacob Burckhardt macht es so einsichtig und einfach wie möglich. Sein Thema sind Staat, Religion und Kultur in ihrem gegenseitigen Verhältnis. Die Trennung und das Herauslösen von drei Prinzipien ist willkürlich. Sie sind nicht gleich und sie scheinen manchmal »in der Funktion abzuwechseln«. Es gibt Zeiten, da die Religion die Politik bestimmt und umgekehrt, und gelegentlich kann die Kultur momentweise die beiden anderen Potenzen, die in der Regel ihre Geltung entschiedener durchsetzen, ihrerseits beeinflussen.

Der Fortschritt der geschichtlichen Erkenntnis liegt darin, daß die Fragen bescheidener gestellt werden. Im Jahrhundert der Aufklärung fragte man nach dem Ursprung des Staates, und wenn man dabei mit dem historischen Anfang in Schwierigkeiten geriet, so wendete man die Frage ins Metaphysische und konstruierte ihn aus Prinzipien. Erst in geschichtlich später Zeit entstand bei vielen Völkern das Bedürfnis, sich eine Urgeschichte, eine Ableitung ihrer Dynastie oder ihres Volkes von den Göttern oder eine Schöpfungsgeschichte zu erfinden. All das ist im 19. Jahrhundert nicht mehr möglich. Die destruierten Legenden wurden zwar manchmal schlicht durch neue, romantische Legenden ersetzt, aber auch das überzeugte nicht mehr.

Die historische Forschung war anspruchsvoller und genauer geworden. Zugleich hatte sich eine endlose Spezialisierung bis in die kleinsten Einzelheiten herausgebildet. Und gerade deshalb befürchtete Jacob Burckhardt das Heraufkommen der schrecklichen Vereinfacher, der »terribles simplificateurs«, die alles Individuelle, Vielfältige und Wandelbare brutal über ihren Leisten schlagen wollen. Geschichtliche Erkenntnis ist das Gegenteil einer Formel und ihrer Anwendung im nächsten Plan einer unerläßlichen Weltregierung. Sie stellt Fragen, äußert Vermutungen, gebraucht ihre Vernunft und den Zweifel gegenüber vorschnellen Schlüssen von unserer gegenwärtigen Erfahrung auf frühe Zustände. Und im Gegensatz zu den deutschen Historikern, die dazu neigten, sich immer mehr mit dem Staat und mit der Macht zu identifizieren, mißtraut Jacob Burckhardt der Macht.

In der staatlichen Macht und in dem Erwerbsstreben einzelner und ganzer Gesellschaften sieht er nicht nur maßlose und unersättliche Triebe und Leidenschaften, sondern hier kommt ein einziges Mal ein Begriff ins Spiel, der aus dem religiösen Bereich zu stammen scheint, aber völlig säkularisiert ist, weil er das Menschenfeindliche dieser Regungen anprangert: »Und nun zeigt es sich, daß *die Macht an sich böse ist,* daß ohne Rücksicht auf irgend eine Religion das

Recht des Egoismus, das man dem Einzelnen abspricht, dem Staat zugesprochen wird.«

Burckhardt kommt mehrfach darauf zurück. Es ist sein Vorbehalt gegenüber den Machtstaaten in der Geschichte, und es zerstört die schöpferische Freiheit der Kunst und des Geistes. Dabei bezieht er sich ausdrücklich auf den Historiker Friedrich Christoph Schlosser (1776–1861), der lange zu den meistgelesenen gehörte und vor allem beim liberalen Bürgertum großes Ansehen genoß. Durch gezielte Angriffe der Ranke-Schule, etwa durch Heinrich von Sybel, aber mehr durch das Umfallen der Liberalen vor der Macht des Staates und der Realpolitik des Bismarckreiches verlor er diese Stellung. Bei ungeheurem Wissen und geistiger Unabhängigkeit bewahrte sich Schlosser eine an Dante orientierte Haltung heftigster Kritik und ethischer Wertung.

Es wäre völlig verfehlt, diese Auffassung als unpolitisches bürgerliches Moralisieren gegenüber der notwendigen Selbsterhaltung der Staaten abzutun. Die eigene geistige Entmündigung und Unterwerfung unter die zerstörerische Macht hat es leicht, Formeln für die vermeintlich höhere Notwendigkeit der Gewalt zu finden. Aber sie blickt nicht weit genug. Denn was sich als Selbstbehauptung in der politischen Publizstik ausgibt, erweist sich nur zu oft in der Geschichte als Selbstzerstörung.

So unbezweifelbar diese Auffassung Schlosser zugehört, so wenig ließ sich doch ein bestimmtes Zitat finden. Nun hat Schlosser sehr viel geschrieben, außer der *Geschichte des 18. Jahrhunderts* (1823, $^{4}$1853) und einer vielbändigen *Weltgeschichte* auch zahlreiche Essays. Burckhardt kann hier ebensogut auf eine Haltung, die sich durchgehend in Schlossers Werk zeigt, wie auf eine einzelne Stelle verweisen. Aber die schönsten Zitate sind sowieso stets die unauffindbaren.

In der allgemeinen Geschichtsschreibung nimmt Jacob Burckhardt gewiß eine Sonderstellung ein. Wenn man von einem Historiker sagen kann, daß er nicht die Geschichte der Herrschenden geschrieben hat, dann ist er es gewesen. Er beschreibt die Verluste, die Unkosten, das namenlose unendliche Leid, durch das eine bestimmte Macht sich etabliert, und deren Untergang, die Wandlungen, die neuen Gestaltungen, die sich an ihre Stelle setzen. Er zeigt nicht, wie »herrlich weit« wir es gebracht haben, sondern das, was sich verwandelt hat, was wir verloren haben und wovon es manchmal kostbare Überreste gibt.

Deshalb schreibt er Kulturgeschichte. Nicht die Kriege und Landgewinne, die Usurpationen und dynastischen Zufälligkeiten sind die Geschichte, sondern das, was an Erinnerung, an Gesittung, an vernünftigen Gesetzen und Institutionen bleibt oder wiederbelebt werden kann. Und ähnlich ist es mit der Religion. Nicht der Widerspruch zwischen Worten und Taten, die Mißstände religiöser Institutionen sind es, und auch nicht deren Selbstdarstellung in Heiligenleben, Wundern und Frömmigkeit, sondern ihre Fähigkeit, Künsten und Wissenschaften über schwierige Epochen hin Schutz zu gewähren und sie wieder in eine größere Freiheit zu entlassen.

Und es sind die unterschiedlichen Formen, in denen sich Herrschaft und Kultus jeweils konkretisieren. Wenn es auf die Begriffsbildung und strenge Typisierung allein ankäme, so wären die Betrachtungen Jacob Burckhardts inzwischen überholt durch die Schriften von Max Weber, der in seinen Studien zur Antike, zur Soziologie der großen Weltreligionen und zusammenfassend in dem Werk *Wirtschaft und Gesellschaft* (1920) methodisch zupackender vorging. Er hatte, bei aller Bewunderung für Burckhardt, ganz andere Forschungsinteressen, die von juristischen und ökonomischen Fragen ausgingen. Dabei hat er die große Entdeckung gemacht, daß man das bis dahin ungreifbare Phänomen der Religionen mit ihrem Anspruch auf Wahrheit, mit ihren ethischen Lehren und ihrer Verbindung zum Numinosen wissenschaftlich erschließen kann, wenn man das ökonomische Handeln, die unterschiedliche Wirtschaftsethik der Weltreligionen untersucht. Da hat man einen Vergleichsmaßstab in der Hand, mit dem man die konkurrierenden Absolutheitsansprüche in ihrer realen Ausprägung untersuchen kann.

Das Ansehen der hohen wissenschaftlichen Leistung Max Webers stand keineswegs immer so fest in den betreffenden Disziplinen, wie es inzwischen durch eine internationale Forschung und den wachsenden Kontrast zu aktuellen soziologischen Arbeiten befestigt ist. Lange Zeit wurde an einzelnen Beobachtungen gemäkelt, die durch neuere Forschung ein wenig ergänzt worden waren, und »die ganze Richtung« paßte vielen nicht mehr. Disziplinen haben ihre wechselnden Wetterlagen, und es ist nicht nur schwer, anzuerkennen, sondern es kann auch die eigene Spontaneität und Kreativität beengen. Andererseits gibt es auch so wenig »Weltgeschichte«, außer in vielbändigen Bilderbüchern und oberflächlichen Erzählungen, daß die Wissenschaft sich davor hütet.

Als das Publikum, in der Zeit als auch in der Politik die gräßlichen Vereinfachungen Mode waren, in den dreißiger Jahren zu den Schriften von Oswald Spengler und Arnold Toynbee griff, schrieb der französische Historiker Lucien Febvre eine fulminante Polemik gegen diese opportunistischen Geschichtsprophetien. Jacob Burckhardt steht dagegen auf der Seite der Wissenschaft, mit aller Skepsis. Er war sich bewußt, wie wenig man über all das untergegangene Leben früherer Kulturen weiß. Aber sicher war er sich darin, daß es falsche Ausgangspunkte zum Sammeln des Materials und zur Deutung geschichtlicher Vorgänge gibt. Einer davon, der zu seiner Zeit am stärksten vertreten wurde, ist der Patriotismus. Denn der besteht ja nicht darin, heimatliche Geschichte zu betreiben, die Erinnerung der eigenen Gemeinschaft zu bewahren und zu beleben.

Zunächst einmal beruht die vermeintlich größere Verständlichkeit »zum Teil auf einer optischen Täuschung, nämlich auf unserem viel nachdrücklicheren Entgegenkommen, welches mit großer Blindheit geschehen kann«. Dann aber auch auf einem methodischen Egoismus, der es mit der Wahrheit nicht genau nimmt und Unrecht tut. »Der Patriotismus, den wir dabei zu entwickeln glauben, ist oft nur ein Hochmut gegenüber von anderen Völkern und schon deshalb außerhalb des Pfades der Wahrheit, oft aber gar nur eine Art der Parteisucht innerhalb des eigenen vaterländischen Kreises, ja er besteht oft nur im Wehetun gegen andere. Die Geschichte dieser Art ist Publizistik.«

Er führt das auch gleich ein wenig aus. An abschreckenden Beispielen hat es ja wahrlich nicht gefehlt: »Heftige Feststellungen metaphysischer Begriffe dessen was das Rechte sei, heftige Definitionen des Guten; was außerhalb liegt, ist Hochverrat. (Daneben aber ein Fortdämmern im ordinärsten Philisterleben und Erwerbstreiben.)« Und auf diese Feststellung folgt gleich der historische

Imperativ: »Neben dem blinden Lobpreisen der Heimat gibt es eine ganz andere und schwere Pflicht: sich auszubilden zum erkennenden Menschen, dem die Wahrheit und die Verwandtschaft mit allem Geistigen über Alles geht und der aus dieser Erkenntnis auch seine wahre Bürgerpflicht würde ermitteln können, wenn sie ihm nicht schon mit seinem Temperament angeboren ist.« (*Studium*, S. 117)

Wenn man heute Jacob Burckhardt liest und auch nach der Lektüre der Schriften von Max Weber wieder zu den *Weltgeschichtlichen Betrachtungen* greift, so hat das seinen guten Grund. Er geht behutsam vor, deutet auf die Unsicherheiten und Fehlerquellen, solche, die im Material liegen, und solche, die im erkennenden Subjekt selbst stecken. Das Ziel der Forschung ist nicht nur ein genaueres Wissen und schon gar kein Besserwissen, sondern ein wissender Umgang mit dem Geschichtlichen der menschlichen Existenz. Wir können etwas dabei gewinnen, die weitere Perspektive, die Einsicht, die über den eigenen Gewinn oder Verlust schon hinaus ist und das Ganze zu erfassen sucht. Mit uns darin und mit unserer eigenen Vergänglichkeit und Unvergänglichkeit.

Die Epoche der Öffnung der nationalen Grenzen im Geistigen wie im Materiellen war längst gekommen. Im Blick auf den »Freihandel der Ideen« hatte Goethe seit 1826 mehrfach von der Epoche der Weltliteratur gesprochen, die Austausch bedeutet, Mitteilung und Anregung, nicht nur von einer dominierenden früheren oder aktuell stärkeren Zivilisation, sondern von vielen miteinander. Ganz in diesem Sinne sagt Burckhardt: »Vollends im Reiche des Gedankens gehen alle Schlagbäume billig in die Höhe.«

Das muß einfach so sein, wenn wir nicht unser Überleben selbst bedrohen wollen. »Es ist des Höchsten nicht so viel über die Erde zerstreut, daß heute ein Volk sagen könnte: wir genügen uns vollständig, oder auch nur: wir bevorzugen das Einheimische.« »Im geistigen Gebiet muß man einfach nach dem Höhern und Höchsten greifen das man erreichen kann.« Und was er daraus für das Studium der Geschichte folgert, kommt einem Vermächtnis gleich:

»Das wahrste Studium der vaterländischen Geschichte wird dasjenige sein, welches die Heimat in Parallele und Zusammenhang mit dem Weltgeschichtlichen und seinen Gesetzen betrachtet, als Teil des großen Weltganzen, bestrahlt von denselben Gestirnen die auch andern Zeiten und Völkern geleuchtet haben, und bedroht von denselben Abgründen und einst heimfallend derselben ewigen Nacht und demselben Fortleben in der großen allgemeinen Überlieferung.«

# *Der Staat, die Religion und die Kultur*

Diese Dreigliederung war in der frühen Fassung der *Weltgeschichtlichen Betrachtungen* noch nicht gegeben. Da hieß es noch »Darstellung nach Hauptgebieten«, und die wurden in einem Untertitel so aufgezählt: »Betrachtung des Geschichtlichen in Staat und Recht, Religionen, Philosophien, Wissenschaften, Poesie und Kunst.« Das entspricht der überlieferten Einteilung der Forschung, der Kenntnisse und der Überreste bei den Antiquaren, die in Boeckhs Enzyklopädie und Systematik der Altertumswissenschaften erneuert worden war. Da unterschied man Staats- und Privataltertümer, religiöse und militärische. Das Geschichtliche umfaßt die ganze Welt des Menschen, und sie nun nach den Fächern akademischer Einzeldisziplinen aufzuteilen wäre die schlechteste Lösung.

Also sucht man die Reihe der Erscheinungen nach Prinzipien oder Formen zu gliedern, sie methodisch zu ordnen. Und wenn es tief hinab in ferne Zeiten und weit für alle Kulturen gelten soll, dann müssen sie in der Natur der Sache begründet sein. Goethe hat sich einmal über die Zuordnung der Poesie zur Rhetorik geärgert, dagegen Verwahrung eingelegt. Um der Sache auf den Grund zu kommen, zählt er in einer offenen Reihe anderthalb Dutzend von Dichtarten auf und sucht nach einer Ordnung. Er spricht (in den »Noten und Abhandlungen« zum *Westöstlichen Divan*) von »Naturformen der Dichtung«:

»Es gibt nur drei echte Naturformen der Poesie: die klar erzählende, die enthusiastisch aufgeregte und die persönlich handelnde: *Epos*, *Lyrik* und *Drama*. Diese drei Dichtweisen können zusammen oder abgesondert wirken. In dem kleinsten Gedicht findet man sie oft beisammen, und sie bringen eben durch diese Vereinigung im engsten Raume das herrlichste Gebild hervor, wie wir an den schätzenswertesten Balladen aller Völker deutlich gewahr werden.« So ist die moderne Theorie der Dichtung entstanden, so einfach nebenbei, daß es kaum aufgefallen ist. Es war ja auch aus der Natur der Sache entwickelt.

Als Jacob Burckhardt sich neu orientiert und sich von der chronologischen Ordnung des Materials lösen will, nähert er sich doch ganz stark Droysens Denken an. Geschichte ist die Bewegung der Menschenwelt, die »rastlose Bewegung der wechselnden Erscheinungen«, sagt Droysen in § 1 seiner als Manuskript für Hörer gedruckten *Historik* und wiederholt es immer wieder. Burckhardt notiert als Neuanfang: »die Bewegung und ihre Gesetze (das Geistig Wandelbare)«, betont die »Neuheit dieser Erkenntnis«, die erst in jüngster Zeit politischer, sozialer und religiöser Bewegung gewonnen sei und zu der »eine ganz neue (wesentlich universalhistorische) Geschichtsanschauung« gehöre. Das »große durchgehende Hauptphänomen« sei die Entstehung einer »geschichtlichen Macht von höchster (geistiger) momentaner Berechtigung«, aus der sich »Lebensformen aller Art« entwickeln.

Darauf folgt der auch für die spätere Einleitung so wichtige Satz: »Der Geist arbeitet aber weiter.« Und hier nun, lange bevor er dazu notieren wird: »er ist ein Wühler«, stellt er eine Frage, die sich in der späteren Einleitung nicht mehr so klar findet, und reiht wie in einer Tabelle Versuche zu Antworten untereinander:
»Wer ist dieser Geist? –

Seine äußerst komplexe Natur.
Seine vielgestaltige äußere Verkappung.
Seine Freiheit und Unfreiheit.
Seine Darstellung in mächtigen Individuen.
Sein verschiedenes Auftreten, je nachdem
er Staaten, Religionen, Kulturen gründet.
Sein Optimismus und Pessimismus.
Sein frühes Vorahnen dessen was viel später kömmt.«

(*Studium*, S. 165 f.)

Und an den Rand notiert er ergänzend, als hätte er gerade mit Mephistopheles in der klassischen Walpurgisnacht im *Faust II* vor den Sphinxen gestanden: »Sich selbst ein Rätsel, der Reflexion wenig untertan, mehr den dunklen durch die Phantasie vermittelten Gefühlen.« Wer ist dieser Geist? Von Hegel leitet er sich nicht her. Die *Phänomenologie des Geistes*, worin dieser Geistbegriff seinen Platz finden könnte, hat Burckhardt nicht gelesen. Um sich auf seine Vorlesung vorzubereiten, leiht er aus der Basler Universitätsbibliothek dann zwar Hegels *Vorlesungen über die Philosophie der Geschichte* aus, liest sie aber unwillig, und als er auf den ersten Seiten schon auf einen bedenklich identitätsphilosophischen Satz stößt: »Wer die Welt vernünftig ansieht, den sieht sie auch vernünftig an«, da schreibt er wütend daneben: »O du Zopf!« Ein Hegelianer war Burckhardt nicht und konnte er nicht werden. Dieses Antizipieren der Geschichte oder des Weltplanes, der ihr zugrunde liegen müsse, schien ihm absurd. Aber daß es der Geist ist, der die Geschichte bestimmt, und wiederum der Geist, der sie erkennt, das war auch seine Überzeugung.

Hier sind die drei Grundformen geistiger Tätigkeit des Menschen in der Geschichte erstmals ausgesprochen, und zunächst im Plural. Auf einem neuen Zwischenblatt, das er überschreibt mit dem Titel »Zur Lehre von den drei Potenzen«, räumt er sofort ein: »Willkür der Trennung in Staat, Religion und Kultur bloß um uns eine Anschauung zu ermöglichen«, und etwas weiter: »Das Leben ist ein Ganzes.« Die drei sind heterogen und nicht koordinierbar. Staat und Religion rücken allerdings zusammen gegenüber der Kultur, Staat und Religion tendieren dazu, Macht zu ergreifen und, gerade gegenüber der Kultur, Zwangsgeltung zu beanspruchen. So wird die Kultur, auch die materielle mit Technik und Handel und mit den Formen der Geselligkeit, zum Prinzip der Freiheit und alles Spontanen gegenüber den sich verfestigenden Herrschaftsformen von Staat und Religion.

Staat und Religion können füreinander eintreten. So wie es Staatskulte gibt, gibt es auch religiöse Politik, und wenn Institutionen und Hierarchien das Metaphysische, Geistige und Individuelle der Religion überwuchern, so ist sie von staatlicher Gewalt kaum mehr zu unterscheiden. Hinter den drei Potenzen liegen zwei Prinzipien, Macht und Freiheit, zwischen denen wechselnd sich das geschichtliche Leben abspielt. Dabei richtet sich der Blick doppelt auf die Gefahr der Machtausübung. In der Bedingung durch Staat und

Religion ist die freie und spontane Äußerung der Kultur im Inneren bedroht, und nach außen werden ganze Kulturen zerstört. Da vermag sich Jacob Burckhardt weder mit dem Fortschritt noch mit dem vermeintlichen Recht des Stärkeren und auch nicht mit der Gesetzmäßigkeit der Geschichte zu identifizieren. Es gibt Untergänge, die als historische Erinnerung Besitz der Menschheit geworden sind. Aber wie vielen anderen ist nicht einmal dieses Fortleben gegönnt:

»Es gibt schon in den alten Zeiten ein entsetzliches Bild, wenn man sich die Summe von Verzweiflung und Jammer vorstellt, welche das Zustandekommen zum Beispiel der alten Weltmonarchien verlangte und voraussetzte. Unser besonderes Mitleid würden vielleicht jene Einzelvölker verdienen, welche in verzweifeltem Kampf um ihre Nationalität den Königen von Persien, vielleicht schon denjenigen von Assyrien und Medien unterlegen sein müssen. All die einsamen Königsburgen der Einzelvölker (Hyrkanier, Arianer, Sogdianer, Gedrosier etc.), welche Alexander antraf, bezeichnen lauter entsetzliche letzte Kämpfe, von welchen wir nichts mehr wissen. Haben sie umsonst gekämpft?« (*Studium*, S. 241)

Alles Rechtfertigen hieße nur, sich am Unrecht zu beteiligen. So kann man erwägen, ob ein Fortdauern unter ungünstigen Bedingungen auch nicht glücklicher als ein rascher Untergang gewesen wäre. Aber mit welchem Recht? Und was wissen wir schon über das Glück und Unglück anderer Kulturen? *Eine* Form der staatlichen Existenz kennt Burckhardt genauer als andere Historiker. Und da sie in der Geschichte die menschlichen Gemeinschaften prägt, die kulturell die reichsten sind und seinem Verständnis am nächsten stehen, legt er ein Wort für sie ein. Und auch wenn es der geschichtliche Wandel mit sich bringt, daß nicht stets noch das gilt, was einmal wahr gewesen ist, so sind sie doch der ansteckenden historisch-politischen Großmannssucht wegen der Verteidigung wert: die republikanischen Kleinstaaten.

»Der Kleinstaat ist vorhanden, damit ein Fleck auf der Welt sei wo die größtmögliche Quote der Staatsangehörigen Bürger in vollem Sinne sind.« Und dazu eine Notiz an den Rand: »Der Kleinstaat hat überhaupt nichts als die wirkliche, tatsächliche Freiheit, wodurch er die gewaltigen Vorteile des Großstaates, selbst dessen Macht, ideal völlig aufwiegt. Artet er dann einmal aus in eine Despotie von unten, so wird er die schwächste aller Staatsformen, trotz allem Lärm womit er sich umgibt. Italien im 14. und 15. Jahrhundert.« (*Studium*, S. 259)

Aber auch die Kultur wird nicht als ungefährlich verharmlost. Sie ist die Unruhe in der geschichtlichen Bewegung, sie wirkt verändernd auf die beiden anderen Potenzen ein, und sie ist zugleich der Bereich, an dem man diese Veränderungen erkennt: »Sie wirkt unaufhörlich modifizierend und zersetzend auf die zwei stehenden Lebensformen ein, sie ist deren Kritik, sie ist die Uhr, welche die Stunde verrät, da in jenen Form und Sache sich nicht mehr decken. – Sie ist es mehr und mehr, welche gegenüber von Staat und Religion die *Gesellschaft* bildet.« Hält man sich diese Wechselwirkung und die gelegentliche Vertretung einer Potenz durch die andere, das Überwiegen einer mit den Folgen der Erstarrung von seiten der Macht und der Auflösung von seiten der Kultur vor Augen, so lassen sich einige Folgerungen ziehen.

Die kulturell fruchtbarsten Epochen sind die, in denen der Staat nicht die Kirche aufgesogen hat, um doppelt mächtig zu sein, und in denen auch die Religion nicht den Staat dominiert, um die freien Regungen des Geistes dogmatisch zu fesseln. Aber es sind Epochen des Risikos. So geraten die kleinstaatlich organisierten Kulturen der griechischen Antike und der italienischen Renaissance in eine typologische Nahbeziehung. Dort hat die Kultur die höchste Freiheit und wirkt zugleich zersetzend auf die staatliche Macht, während die Religion eine Funktion der Kultur geworden und der Auftraggeber für die Künstler geblieben ist.

In solchen Kulturen werden Stile ausgebildet, die lange Zeit und auch für andere Kulturen prägend und anregend sind. Dagegen gibt es Kulturen eines völlig anderen Typus, die sich ganz auf die Entfaltung und Sicherung der Macht richten, bei denen die künstlerische Kultur deutlich in den Hintergrund rückt und sich mit einer bloß dekorativen Aufgabe begnügt. Der Betrachter der Weltgeschichte ist geneigt, ihnen eine eigene Mission zuzuerkennen und in ihrem Wechsel mit den fruchtbaren Kulturen ein Moment der Sicherung und der Überlieferung über Zeiten von Krisen und Katastrophen hinweg zu sehen. Und schon gerät auch der skeptische Historiker in den Verdacht, die Pläne des Weltgeistes zu antizipieren oder Theodizee zu betreiben. Bei Droysen war es die epochemachende Einsicht, daß der Hellenismus nicht lediglich Verlust der kleinstaatlichen Freiheit und kulturellen Verfall bedeutet, sondern daß er die griechische Kultur verbreitet und zum Boden für die Ausdehnung griechischer Wissenschaft und Kunstformen und für die Ausbreitung der christlichen Religion werden konnte.

Rom verkörpert auf einzigartige Weise den Machtsinn, die festen Formen des Rechts und der Administration, die auch die Katastrophen der Völkerwanderung überdauern konnten. Der römischen Geschichte steht Jacob Burckhardt mit Bewunderung, aber fremd gegenüber. Sie ist für ihn eher in ihren Überresten, in den entwickelten Kunstformen griechischer Herkunft und in den Ruinen greifbar als in ihrer Entwicklung. Der Zugriff auf die römische Geschichte erfolgt über die jahrhundertelange Ausbildung von Rechtsformen. Rudolf von Jhering gab ihr den Namen ›Der Kampf ums Recht‹. Den genialen Blick in die sozialen Kämpfe, die den schließlich formulierten Gesetzen des römischen Rechts zugrunde liegen, hatte Giambattista Vico geschärft, indem der die Schriften der Antike gegen deren eigne Tendenz las. Er hatte das Wilde, Maßlose und Grausame in jenen frühen Gesellschaften entdeckt, das er das Poetische nannte, das heißt Lebensformen, die von Leidenschaft und Empfindung, aber nicht vom Verstand geprägt sind. Und in einer historischen Dialektik der heterogenen Kräfte erkannte Vico, daß das Recht gegen den Willen der Betroffenen entstanden ist: Nie wollten die höheren Stände von ihrer Herrschaft lassen, nie die unteren Schichten auf den Genuß ihrer Arbeit verzichten. Das Recht blieb als Ausweg aus endlosen Bürgerkriegen.

In Jacob Burckhardts Generation war es Theodor Mommsen, der mit dem Werkzeug der gesamten Altertumswissenschaft daranging, das auch für die Neuzeit noch prägende römische Staatsrecht in seiner geschichtlichen Besonderheit herauszuarbeiten. Er vermochte das auf neuartige und grundlegende Weise, weil er zuerst als Historiker juristisch denken und als Jurist historisch arbeiten konnte. Theodor Mommsen hat sich selbst nicht für einen Geschichtsschreiber gehalten, dazu setzte er die Aufgabe des Geschichtsschreibers zu hoch an, sondern in der historischen und systematischen Durchdringung des römischen Rechts und den intensiv und breit organisierten Forschungen dazu seine eigene Leistung gesehen.

Die *Römische Geschichte* ist ein fast gegen die Absicht Mommsens entstandenes Hauptwerk geworden. Sie ist zupackend, vereinfachend und mit bedenklich aktualisierenden Farben dargestellt. Man sieht die politische Leidenschaft des Autors, der personelle Konstellationen und Probleme der Antike aus der Erfahrung der unmittelbaren Moderne erläutert. Was man als Publizist und für Studenten mündlich in der Vorlesung darf, muß man der Sache doch wieder abbitten, um nicht historisch Unrecht zu tun. Cicero ist bei allen Schwächen eben nicht eine Gestalt wie der Abgeordnete der Paulskirche Heinrich von Gagern, den man wohl als »Phrasengießkanne« abtun kann. Cicero ist eine europäische Bildungsmacht geworden und hat den klassischen Stil der lateinischen Rede, auch wenn man sie nicht mag, für seine Kultur und für die beginnende Neuzeit geprägt. Aber niemand hatte vor Mommsen so klar das Wesen des römischen Staatsrechts und seiner Organisationsformen erfaßt.

Daraus läßt sich die Erfahrung bestätigen, daß verschiedene Kulturen (und ihre einzelnen Aspekte noch einmal) ganz verschiedene historische Fähigkeiten und Sachkompetenzen erfordern. Wo man das nicht begreift, wird auch die Geschichtswissenschaft zu einer sektiererischen Enge und Unfruchtbarkeit verkommen. Jede Quellengattung erfordert eigene Talente, die reiche Partitur einer vergangenen Kultur erfordert von jedem ein ungewöhnliches Maß an Vorstellungskraft und Einfühlungsgabe.

Ohne eigenes juristisches Denken keine Rechtsgeschichte, ohne Kultur keine Kulturgeschichte.

## *Die Zeit Constantins des Großen*

Um die Probe auf seine Gedanken zur Geschichte zu machen, mußte Jacob Burckhardt sie anwenden. Das mußte in einer Kulturgeschichte geschehen, denn es ging darum, Zustände und langfristigen Wandel und nicht Ereignisse darzustellen. Keine Blütezeit sollte es sein, für die es leicht wäre, das Interesse zu erregen und allen Glanz zu entfalten, sondern eine Epoche des Niedergangs, des Verfalls staatlicher Macht und kultureller Schöpfungen. Dafür bot sich die Zeit Konstantins des Großen an, wie ihn eine dankbare Nachwelt glaubte nennen zu müssen. Das römische Reich wurde durch die Verlagerung seiner Hauptstadt nach Konstantinopel definitiv getrennt. Der griechischsprachige Osten löste sich vom lateinischen Westen. Das Christentum, das als eine Religion der nahen Erwartung des Weltendes aufgetreten war, wurde zur Staatsreligion verwandelt. Nicht lediglich Staatskultus, wie die antike Religion es gewesen war, sondern Einheit von Thron und Altar hieß die neue Losung, die gerade im 19. Jahrhundert befremdliche Sympathien zu erwecken begann.

Eine Religion der Innerlichkeit wurde zum Spielball im Gezänk fanatischer Mönche und intrigierender Hofeunuchen, das die politische Macht gelegentlich mit Gewalt beenden mußte. Man darf nicht vorschnell für eine Abrechnung mit dem Christentum halten, was Pflicht des Historikers ist. Diese Epoche bietet wenig erfreuliche Ansichten, und wer sie beschreibt, muß sich von der Hofhistoriographie lösen, die der Bischof Eusebios von Caesarea mit seiner Chronik geschaffen hatte. Und selbst Eusebios ist ehrlich genug, spätere Phantasten von der Auffassung zu heilen, daß erst die Veräußerlichung die Korruption in die noch junge Kirche getragen habe. Nach seinen vorsichtigen Andeutungen und dem, was sonst berichtet wird, war es zuvor eher schlimmer. Der Zwist rivalisierender

Patriarchen, als man zur Bischofswahl mit bewaffneten Schlägertrupps kam und die Kirchenversammlungen gelegentlich als ›Latrocinium‹, als Räuberkonzil, bezeichnet werden mußten, wurde nur durch staatliche Aufsicht gemildert.

Das affirmative Rühmen Konstantins in der Kirchengeschichte konnte bei politischen Historikern kein Echo finden. Schon Dante hatte die Teilung des Reiches beklagt, und mit der modernen Kritik der Heiligenlegenden blieb nicht viel vom Staatsmann und noch weniger vom Menschen, der sich durch monströse Taten befleckt hatte. Montesquieu hatte die Folgen für den Niedergang des römischen Reiches erwogen, Voltaire sich den Mann vorgeknöpft, und für Gibbons Werk war er der Ausgangspunkt für den *Decline and Fall of the Roman Empire*, jene eintausend Jahre des Dahinvegetierens der einst größten Macht der Welt. Gibbon hatte es dem Historiker zur Aufgabe gemacht, so wie der fromme Moslem sein Haupt nach Mekka neige, seine Gedanken auf jene östliche Metropole Konstantinopel (Byzanz, Istanbul) zu richten.

Während der westliche Teil des römischen Reiches schneller unter den Invasionen germanischer Barbaren niedersank und auch rascher zu neuen staatlichen und kulturellen Bildungen gelangte, eben zu Renaissancen, erstarrte der östliche Teil in einer jahrhundertelangen Agonie. Die Autorität des Augustinus wirkte dahin, das Geschick des Christentums weniger an die politische Macht zu binden und half ihm dadurch, krisenfester zu werden. Konstantin war längst von seinem Sockel gestürzt, als Jacob Burckhardt sein Zeitalter darstellte. Vor der breitangelegten Schilderung der Lebensformen des 3. Jahrhunderts und des Alterns der antiken Kultur tritt diese einzelne Persönlichkeit erst spät im Buch hervor. Und nicht ganz ohne Sympathie, denn der geniale Herrscher muß vor seinem frömmelnden und lobhudelnden Hofhistoriographen gerettet werden, vor Eusebios, in dem Burckhardt mit gerechtem Zorn den »ersten durch und durch unredlichen Geschichtsschreiber des Altertums« anprangert.

Kirchengeschichte war im 19. Jahrhundert trotz generationenlanger Arbeit an Bibel- und Heiligenkritik immer noch ein gefährliches Fach, das seine ehrlichen Vertreter in Konflikt mit ihren Fakultäten bringen konnte. Burckhardt schafft sich die souveräne Freiheit des säkularen Historikers, der die Aufmerksamkeit seiner Leser in einem leuchtend klar geschriebenen Buch auf eine Epoche lenkt, die sowohl vom Politischen her, vom Staat, wie von der Kultur aus ganz anders beurteilt werden muß, als sie bisher im Rahmen der Religion beurteilt wurde. Jacob Burckhardt braucht nicht mehr zu entlarven, was andere schönfärbten, er zeigt mit einer gewissen Bewunderung das rein taktische Kalkül des Kaisers, der zur Erhaltung des Imperiums sich der christlichen Minderheit und ihrer Kirche bedient, ohne sich deshalb gegen das Heidentum zu wenden.

Aber viel eher als eine einzelne Persönlichkeit stellt das Buch eine Formenlehre der ausgeprägtesten Arten von Gewaltherrschaft dar, welche die römische Geschichte in diesem 3. Jahrhundert durchleidet. Burckhardt hat nicht mehr das etwas naive Gegenbild eines idealen Kaisertums unter Trajan und den Adoptivkaisern, auf das dann überraschend der Verfall erfolgt sei. Burckhardts analytischer Blick auf die sozialen Wandlungen, auf die Aushöhlung alter Formen, die noch lebendig erscheinen, aber bereits ihre Trägerschaften gewechselt oder verändert haben, ist sehr viel schärfer, als man es gemeinhin annimmt. Er hat die primären Quellen sehr aufmerksam gelesen, die einzelnen aufschlußreichen Beobachtungen notiert und ist damit allen vereinfachenden Erklärungen weit überlegen. Die Zeichen liegen für ihn überall greifbar zutage.

Das beginnt mit den Physiognomien auf Bildnissen und selbst auf Münzen, die nicht durch christliche Askese und veränderten Stilwillen, sondern durch Häßliches und Krankhaftes auffallen, es herrsche »Skrophulöses, Aufgedunsenes oder Eingefallenes« vor. Selbst in den Herrscherbildnissen zeige sich das, »was im schlimmen Sinne das Pfäffische heißt«. (*Werke*, II, S. 211) Die alte Lebensart stirbt ab, ganze Landstriche liegen brach, Hungersnöte und Krankheiten prägen sich verheerender aus als zuvor, und da, wo es an nichts fehlt, erstrebt man Reichtum statt Schönheit.

Der Wandel der Religion kann ebenfalls nicht mit den alten Frontstellungen gesehen werden. Es ist nicht eine weltfeindliche Jenseitsreligion, die das erdenfrohe heitere Heidentum untergräbt. Die antike Religion hatte sich bis in das 3. Jahrhundert nach Christus gewaltig verändert. Sie hatte selbst dunkle, auf das Jenseits bezogene Züge längst angenommen und sich, wie das Christentum auch, das nicht als Jenseitsreligion aufgetreten war, von innen her verwandelt. Erst die simplifizierenden Kampfpositionen des 19. Jahrhunderts haben da Unheil angerichtet. Man hatte sich homogene Bilder vom Griechentum gemacht, und was da nicht hineinpaßte, mußte entweder eine alte Unterströmung sein, wie das Orphische, oder aus dem Orient importiert und ein Fremdkörper in der Homerischen Götterwelt, wie das Dionysische in der Deutung von Nietzsches Freund Erwin Rohde (in *Psyche*, 1893). Daß eine Gesellschaft sich und ihre Religion ändert, ohne von außen dazu genötigt oder verführt worden zu sein, schien unvorstellbar.

Das Neue ist die »geschichtliche Notwendigkeit« des Christentums in der alternden antiken Kultur, ihre vermittelnde Wirkung, weil sie zugleich die Religion des sich mühsam behauptenden Reiches und der gegen es anstürmenden jungen Barbarenvölker ist. Die Kämpfe in der Spätantike sind kein Religionskrieg, und auf beiden Seiten mischten sich lange Zeit Reste des alten Glaubens mit der neuen Religion. Unter Bedingungen, die über eine Parteinahme oder Konversion ebenso weit hinausgingen wie über die bloße Zugehörigkeit zu einer alten Kultur mit ihrer Völkermischung oder zu einer jungen Barbarei, war, so sagt Burckhardt zusammenfassend, »die Zeit gekommen, da der Mensch in ein ganz neues Verhältnis zu den sinnlichen wie zu den übersinnlichen Dingen treten sollte, da Gottes- und Nächstenliebe und die Abtrennung vom Irdischen die Stelle der alten Götter- und Weltanschauung einnehmen sollten«. (*Werke*, II, S. 113)

Zustände statt Ereignisse stellt die Kulturgeschichte dar. Sie erzählt weniger, als daß sie genau beschreibt. Und das hat sie mit dem modernen Roman gemeinsam, der sich nach dem Bruch von 1848 entwickelt. Die simplifizierenden Etiketten, die den Zusammenhang und die Übergänge zerreißen wollen, helfen hier nicht viel. Statt Biedermeier nun Realismus, hieß es einmal bei den deutschen Literaturhistorikern, Beschreiben statt Erzählen sagten zuerst die Kritiker des neuen Romans, und dann die Sprachwissenschaftler, die den unterschiedlichen Tempusgebrauch und andere Stilmerkmale untersuchten. Durch eine aufgeschwollene Literatur über das »Narrative« hat man zu verdrängen versucht, was Historiker eigentlich tun und wodurch sich auch da verschiedene Generationen,

Epochen und Stile unterscheiden. So wie Balzac im modernen Roman ein Musterfall des Erzählens von Ereignissen im pragmatischen Zusammenhang mit einfacher, motivierender Psychologie ist, so ist es Leopold von Ranke in der Geschichtswissenschaft.
Wie durch Flaubert, aber auch durch Tolstoi eine ganz andere Aufmerksamkeit auf das Detail, eine Objektivität nicht im Gang der Ereignisse, sondern im Eigengewicht der Dinge und Personen durch die Wahrnehmungen des Autors den Text bestimmt, so ist es auch bei Burckhardt. Analysierend beschreiben, wobei in der Auswahl der bezeichnenden Einzelzüge wie in der Charakterisierung der bewegenden Kräfte der Autor mit seinem Urteil gegenwärtig ist, so ließe sich dieses Verfahren nennen. Das Urteilen bedeutet nicht, daß der Historiker Partei ergreift, sondern daß er die einander entgegenstehenden Kräfte, von denen ja nicht die eine siegt und die andere untergeht, sondern die sich beide verwandeln, die beide untergehen und neuen Gestaltungen weichen, vollständig in ihrem eigenen Recht und Unrecht herausarbeitet.

Ist ihm das gelungen, so zeigt er in dem begrenzten Thema seiner Darstellung »die Form der Geschichte überhaupt«, wie Wilhelm von Humboldt das in seiner Schrift *Über die Aufgabe des Geschichtsschreibers* (1821) nannte. Das Geschichtliche, wie Burckhardt es nennt, erfahren wir nicht aus der Folge chaotischer und im einzelnen gar nicht mehr überprüfbarer Ereignisse, nicht aus der Spannung, die das Erzählen erweckt, sondern aus der menschlichen Anteilnahme an schwierigen Verhältnissen und an Personen, die sich, auch wenn sie daran scheitern, doch bewähren. Auch Zeiten des Niedergangs erheben Anspruch auf unsere Anteilnahme, und das nicht nur, weil dort Weichen gestellt wurden für Entwicklungen, die bis zu uns reichen, sondern auch, weil wir uns gerne täuschen über den Stand unserer eigenen Kultur.

Historiker urteilen und sie erwecken unser Interesse für Werte, die gegenwärtig gerade nicht in Geltung sind. Diese Geltung schwankt in langsameren und schnelleren Rhythmen, so daß ein und dieselbe Sache rasch wechselnd als höchst oder als gar nicht aktuell bezeichnet werden kann. Jacob Burckhardt hat den frühchristlichen Asketen und Einsiedlern in der thebaischen Wüste und an anderen Orten ein eindrucksvolles Kapitel gewidmet. Damit hat er einerseits historischen Spürsinn bewiesen, denn diese Wüstenväter haben im östlichen Christentum eine ungeheuer mächtige Rolle gespielt. Sie waren nicht etwa der Welt völlig entzogen, sondern sie haben dort eine Macht akkumuliert, Pilger angezogen, politische Ratschläge erteilt und die höchste Autorität erlangt, so daß Kaiser und Patriarch, wenn sie sich nicht einigen konnten, sich gemeinsam einem dieser heiligen Asketen unterwerfen mußten.

Das ist ein Zug, den man eher aus der indischen Kultur kennt. Daneben geht von Einsamkeit und Weltablehnung ein Reiz aus, nicht nur in Zeitaltern von Krisen oder individuell während der Pubertät, so daß sie in der einen oder anderen Form durch Religionen in Gesellschaften integriert wird. Max Weber hat in den Studien zur Religionssoziologie eine »Zwischenbetrachtung« eingeschaltet, die zu seinen schönsten und gedankenvollsten Schriften gehört: *Theorie der Stufen und Richtungen religiöser Weltablehnung*. Darin hat er für die jeweilige Gesellschaft typische Weisen dieses Entzugs geschildert, und das bei seinem Interesse für den Protestantismus, der zumindest die klösterlichen Formen der Weltablehnung beseitigte und zugunsten einer innerweltlichen Askese zu diskreditieren versuchte.

Jacob Burckhardt beginnt seine Darlegung dieses Phänomens bewußt anthropologisch: »Es liegt ein Zug in der Natur des Menschen, daß er, verloren in der großen bewegten, äußern Welt, sich und sein eigenes Selbst in der Einsamkeit wiederzufinden sucht. Diese Einsamkeit wird um so viel abgeschlossener sein müssen, je tiefer er zuvor draußen sich innerlich entzweit und zerrissen gefühlt hat. Tritt dann noch von seiten der Religion das Gefühl der Sünde und das Bedürfnis einer dauernden, unstörbaren Vereinigung mit Gott hinzu, so wird jede irdische Rücksicht schwinden, und der Einsiedler wird Asket, teils um zu büßen, teils um der Außenwelt gar nichts mehr als das dürftigste Fortleben zu verdanken, teils auch, um die Seele zum beständigen Umgang mit den höchsten Dingen fähig zu erhalten.« (*Werke*, II, S. 319)

Diese Entscheidung ist die Folge eines, wie Burckhardt vorsichtig sagt, nicht »ganz gesunden Zustands der Gesellschaft«, sie gehört in Zeiten der Krisis. Ungerecht sei aber ihre moderne Verurteilung, und wer »jene Einsiedler gerne in eine Zwangsarbeitsanstalt stecken möchte, der halte sich nur selber nicht für sonderlich gesund«. Das ist in einem Geschichtswerk eine sehr deutliche Sprache. Wer neurotisch auf eine Neurose reagiert, der ist selbst betroffen, würde man in unserer Zeit erläutern. Für den Autor und die Leser in seiner näheren Umgebung war der Streit um die Aufhebung der aargauischen Klöster gerade erst zehn Jahre her. Aber das Problem ist viel allgemeiner und liegt in der modernen Weltauffassung, die sich mit der Industrialisierung gewalttätig und intolerant ausbreitete.

Eine seelische Rückzugsposition als eigenen angesehenen Stand duldet eine Gesellschaft ja gerade dann nicht mehr, wenn das Verlangen danach in den einzelnen stärker wird. Denn von einer spirituellen und politischen Autorität wie im östlichen frühen Christentum konnte ja bei allen Absetz- und Aussteigebewegungen nicht die Rede sein. Die Biographie des heiligen Antonius, die ausgerechnet der umgetriebene Machtpolitiker Athanasius geschrieben hatte, war in der lateinischen Übersetzung in der Spätantike auch im westlichen Christentum ein wirkungsmächtiges Buch, dessen Einfluß schon Augustinus erfahren hatte. Das Einsiedeln kann aber auch zu einer gesellschaftlichen Mode werden, mit der man zeitweilige Enttäuschungen des Ehrgeizes verdeckt. Niemand hat so frei darüber gespottet wie Shakespeare in *Wie es euch gefällt*, wo die Hofgesellschaft die erst so gepriesene Einsamkeit im Ardennerwald sofort verläßt, als die Lage sich ändert.

Es geht nicht um eine persönliche Sympathie mit einer extremen Lebensform, sondern um die Anerkennung menschlicher Entscheidungen an einem Beispiel, das geschichtliche Bedeutung hatte. Der aktuelle Wink ist eine Zugabe didaktischer Veranschaulichung. Weniger ein Beitrag zum Artenschutz. Über die Wünschbarkeit und Wiederbelebung nicht nur solcher Formen, sondern der gewaltigen Macht bei Einsiedlern der östlichen Kirche und der zahlenmäßigen Ausdehnung in den großen Klosterbewegungen des westlichen Mittelalters ist damit nichts gesagt. Burckhardt schaute genau genug in seine Quellen, um sich vor romantischer Sehnsucht zu hüten, falls etwa, »par ordre du mouphti«, wie er das nannte, eine Epoche der Vergangenheit plötzlich wieder eingeführt werden sollte.

Dem Geschichtlichen in der Einsicht in die Lebensform entspricht der künstlerische Reiz, den eine solche Abstraktion von der

Gewöhnlichkeit der Lebensumstände und die Konsequenz dieser Daseinsform gerade in der Passivität der Anfechtungen auf einen Autor ausüben kann. Gustave Flaubert hat eine erste *Tentation de Saint-Antoine* geschrieben, nach deren Scheitern seine Freunde ihn nötigten, etwas Alltägliches zu bearbeiten. Wie wenig alltäglich *Madame Bovary* ist und daß sie immer noch manche Züge mit dem Heiligen teilt, muß man sich dann erst wieder deutlich machen. Aber Flaubert ließ nicht ab und schrieb einen zweiten und dritten Versuch.

Auch da, wo eine religiöse Weltablehnung gesellschaftlich nicht nur gebilligt wird, sondern höchstes Ansehen bedeutet, scheint es in der Moderne keine Lösung sein zu können. Sie schließt einen zu großen Bereich menschlicher Erfahrung aus. Andere Formen der Distanz zur Geschäftigkeit und Nichtigkeit werden gesucht, aber sie stehen unter dem Zeichen einer künstlerischen oder wissenschaftlichen Aufgabe. Flauberts beispielhafte Existenz zählt dazu ebenso wie die seines Altersgenossen Jacob Burckhardt.

# *Der Cicerone*

Hat man einmal das Geschichtliche in einem »Querschnitt« einer bestimmten Epoche gezeigt, wo die Entscheidungen auf bestimmte Bedingungen reagieren und somit Zustände für lange Zeit festlegen und Tendenzen bestärken – das Altern der antiken Kultur, die innere Verwandlung des religiösen Elements und den Niedergang der äußeren Macht – wie in der *Zeit Constantins des Großen*, so kann man danach mit aller Freiheit einmal einer Entwicklung im Längsschnitt folgen. Es ist kein beliebiger Gegenstand zur Entfaltung seiner Darstellungskunst, sondern sein Lebensthema, mit dem Mut der Verzweiflung gewagt und mit aller guten Laune, deren er fähig war, so begrenzt, daß es in *ein* Buch und in ein lesbares und nützliches dazu paßt.

Cicerone nannte man in Italien spöttisch die Reiseführer von unerschöpflicher Beredsamkeit, nach ihrem großen Vorbild Cicero. Jacob Burckhardt setzte sich zum Ziel, die gesamte Kunst Italiens darzustellen. Das beginnt mit der Antike, wobei Italien das Glück hat, nicht nur eingeführte griechische Werke und ein paar Zufallsbauten, sondern aus der Zeit der Kolonien »Großgriechenlands« einige der schönsten und am besten erhaltenen Tempel zu besitzen, in Paestum vor allem. Und trotz des jahrhundertelangen Ausverkaufs (um vom Raub gar nicht zu reden) italienischer Kunst hat doch die Bindung der Skulptur und Malerei an die Mutterkunst Architektur eine Fülle von Werken auf dem Boden Italiens erhalten. Die italienischen Maler haben ihr Bestes oft in Wandfresken gegeben, als hätten sie die Käuflichkeit und den Export beweglicher Werke geahnt.

Ein Reiseführer muß sich auf die Werke begrenzen, die im Lande sind. Der Besucher von Museen sieht überwiegend Gemälde, einige Statuen und vielleicht ein paar Architekturfragmente. Das Wunder

Italiens besteht darin, daß viele Bauten Ensembles bilden und bei einigem Glück der Bezug zur umgebenden Landschaft nicht völlig zerstört ist. Einzelne Kirchen oder Paläste dominieren ein Stadtbild, andere Gebäude fügen sich dem ein, wobei schon die Qualität des Materials und der Arbeit von Steinmetzen und Maurern ein Niveau garantiert, auf dem sich die Leistung des Architekten mehr als ein sinnvolles Ordnen gemäß der Bauaufgabe denn als ein Erfinden darstellt.

Bei seinem ausgeprägten Sinn für Proportionen sind die drei Künste im *Cicerone* etwa gleich verteilt. Burckhardt gibt der Architektur die ihr ziemende erste Stelle und ein leichtes räumliches Übergewicht. Sie hat zu allen Zeiten große und umfangreiche Werke hinterlassen, die einen Stil prägten und bei deren großen Investitionen und Entscheidungsfolgen oft über mehrere Generationen hin sich der Stil- und Repräsentationswille ganzer Bürgerschaften dokumentiert. Die Skulptur hat eine geringere Zahl stilbildender Werke, und bei der Malerei ist aus der Antike sehr wenig erhalten.

Jacob Burckhardt beginnt somit das Wagnis, alles, was ihm in Italien lieb und heilig ist, in der historischen Folge darzustellen. Das ist das Unerhörte und Neue an diesem Reiseführer. Er gliedert sich nicht nach Regionen und dort nach möglichst großer Vollständigkeit, sondern nach der Entwicklung der Künste, sofern ihre Werke in Italien entstanden oder verblieben sind. Im Vergleich zu den Handbüchern der Kunstgeschichte, die Burckhardt zuvor bearbeitet hatte, erlaubt das bei großer Freiheit die Konzentration auf das Wesentliche. Er braucht nicht die ägyptische Kunst in ihrer Entwicklung darzustellen, aber er räumt den Obelisken in Rom ein bemerkenswertes kleines Kapitel ein. Sie gehören als ägyptische Bildwerke nach Rom, bestimmen seit der Antike das Stadtbild, wurden umgestürzt und wieder aufgerichtet und haben den Aberglauben und die Künste angeregt.

Die antike Skulptur wurde seit der Renaissance in Rom bewundert und aus der Erde gegraben. Ihre Entwicklung läßt sich nach den Werken darstellen, die schon in der Antike aus Griechenland nach Rom verbracht, dort schon nach inzwischen meist verlorenen Bronzeoriginalen in Marmor kopiert wurden und ihrerseits die Bildhauer seit der Renaissance herausforderten. In Griechenland, das damals nur wenige besuchten, war nicht viel zu sehen, und bedeutende Werke wurden erst später aus der Erde und dem Meer geborgen. Das größte zusammenhängende Skulpturenwerk klassischer Zeit, das damals bekannt war, der Parthenonfries, war zu Beginn des 19. Jahrhunderts, noch unter osmanischer Herrschaft über Griechenland, nach London verbracht worden. Der Pergamonaltar wurde erst einige Zeit später aus Kleinasien nach Berlin gebracht. So waren, wie seit der Renaissance, die Sammlungen des Vatikan immer noch der Ausgangspunkt für das Studium griechischer Skulptur.

Die gotische Architektur des Mittelalters, die im flämisch-französischen Norden ihren Ursprung hatte, wirkte sich nur in einigen Brechungen ihres Stils in Italien aus, während es eine eigenständig italienische Gotik, etwa das Niccolo Pisano gab, die organischer von der Stilsprache der Romanik zur Renaissance vermittelte. In der Malerei war das Interesse vor allem der Florentiner Kaufleute im 15. Jahrhundert an Werken niederländischer Maler sehr groß. Daher finden sich dort einige ihrer besten Gemälde. Ein paar barocke Niederländer und Spanier kamen hinzu, und von den französischen Malern, die in Rom wirkten, Poussin und Lorrain, blieben doch einige Werke im Lande. Deshalb kann der *Cicerone* mit einem Blick auf die »höchste Verklärung« italienischer Landschaft durch Lorrain schließen, der mit einem »unaussprechlichen Zauber« jenes Glück beschwöre, das in der Fremde Heimweh nach Italien, nach Rom erregen kann.

So ermöglicht diese Anordnung einen Gang durch das Schönste, was die Kunst geschaffen hat, ohne sich auf *eine* Epoche der Kunst, auf *einen* Stil unter Vernachlässigung anderer oder auch nur auf die Werke *einer* Nation beschränken zu müssen. Das verkündet Burckhardt nicht als Programm, aber es läßt sich dem Buch entnehmen. Und so ausdauernd er auf seinen Museums- und Galeriereisen in Paris, London, Wien, Dresden und Berlin vor den Werken verweilt und Genuß und Arbeit zu mischen versucht – dort überall stehen die Bilder in geringerem Bezug zu ihrer Umgebung. Es sind keine Kunstlandschaften über die Epochen hinweg, und die drei bildenden Künste schaffen sehr viel weniger Ensembles. So läßt sich trotz früher Versuche mit nördlichen Kunstlandschaften das Abenteuer des *Cicerone* nicht wiederholen.

Es war aber auch in Jacob Burckhardt etwas vorgegangen, das er in einem sehr vertrauten Brief an Paul Heyse, dem er vom Hause Kuglers her freundschaftlich verbunden war, mit seltener Offenheit bekennt. »Ich habe seit einiger Zeit in meinen Ansichten von der Kunst (en bloc gesprochen) eine langsame ganze Wendung gemacht, wovon viel zu reden sein wird, wenn Du bei mir bist. Ich hätte nicht geglaubt, daß ein so alter, verrotteter Kulturhistoriker wie ich, der sich einbildete, alle Standpunkte und Epochen in ihrem Werte gelten zu lassen, zuletzt noch so einseitig werden könnte wie ich es bin. Es fällt mir aber wie Schuppen von den Augen und ich sage zu mir wie Sankt Remigius zu Clodwig: incende quod adorasti, et adora quod incendisti! Im ganzen sind es die römischen Elegiker, die mir einen Hauptstoß gegeben haben, ich kann's nur nicht wiedergeben und es bleibt beim guten Meinen und Wollen. Ich habe auch allerlei Griechisches gelesen und Italienisches del buon seculo. Zu der ganzen Operation gehört außerdem, daß man die Augen *fest* zumache gegen alle jetzt gepredigte Ästhetik...«

Die Kunst im Ganzen, wie das »en bloc gesprochen« andeutet, umfaßt die bildenden Künste und die Poesie. Mit einem Dichter wie Paul Heyse spricht Jacob Burckhardt speziell von Poesie und darüber, daß er mit dem Dichten Schluß gemacht habe. Paul Heyse wird aber der Vertraute besonders bei der schweren Geburt der *Kultur der Renaissance*. Er tritt an Franz Kuglers Stelle, dessen Nachlaßverwalter er ja auch werden sollte. Die »ganze Wendung« vom Geltenlassen von allem und jedem hin zu einem entschiedenen Urteil über das Schöne darf nicht vorschnell als Wendung vom Historismus zu einer normativen Ästhetik mißverstanden werden. Burckhardt ist Historiker, aber nie Historist, und er hegt ein auf Erfahrung gegründetes Mißtrauen gegen jederlei von oben herab richtende Ästhetik.

Die *Anleitung zum Genuß der Kunstwerke Italiens* hat es mit Konkretem zu tun. Es ist ihr Gebot, zur Sache zu kommen, und die Sache ist jeweils ein Werk der Kunst, das höchsten Anforderungen entspricht und aller Aufmerksamkeit auf Dauer wert ist. Spuren, weitgehend Zerstörtes und nur Erschließbares sowie lediglich historisch Interessantes gehörten in andere Bereiche der Kunstgeschichte. Es ist von *einem* Buch aus nie zu bestreiten, daß es auch andere Dinge gibt, die man in anderen Büchern erörtern kann. Der *Cicerone* hat sein Daseinsrecht darin, daß er in *einem* Band die Kunst, soweit sie in Italien zu sehen ist, vor Augen führt. In einem Absatz erläutert der Verfasser, warum er alle frühgeschichtlichen, eigentlich archäologischen Funde und Überreste nicht behandelt: »Der Zweck unseres Buches verlangt, daß wir sie übergehen, um uns auf solche Denkmäler zu beschränken, in welchen die höhere Kunstform das Wesentliche, der Hauptausdruck der monumentalen Absicht ist.«

Damit ist er schon bei der Sache, in Paestum: »Von den drei erhaltenen Tempeln der alten Poseidonia sucht das Auge sehnsüchtig den *größten*, mittlern. Es ist Poseidons Heiligtum; durch die offenen Trümmerhallen schimmert von fern das blaue Meer. – Ein Unterbau von drei Stufen hebt das Haus des Gottes über die Fläche empor. Es sind Stufen für mehr als menschliche Schritte. (...) Den ältesten griechischen Tempeln, wie z. B. demjenigen von Ocha auf Euböa, genügte ein Bau von vier Steinmauern. Als aber eine griechische Kunst erwachte, schuf sie die ringsum gehende Säulenhalle mit dem Gebälk, zuerst vielleicht von Holz, bald von Stein. Diese Halle ist, abgesehen von ihren besondern Zwecken, nicht als ein idealer, lebendig gewordener Ausdruck der Mauer selbst. In wunderbarer Ausgleichung wirken strebende Kräfte und getragene Lasten zu einem organischen Ganzen zusammen.«

»Was das Auge hier und an andern griechischen Bauten erblickt, sind eben keine bloßen Steine, sondern lebende Wesen. Wir müssen ihrem innern Leben und ihrer Entwicklung aufmerksam nachgehen. Die *dorische Ordnung*, welche wir hier in ihrer vollen altertümlichen Strenge an einem Gebäude des 6. Jahrhunderts v. Chr. vor uns haben, läßt diese Entwicklung reiner und vollständiger erkennen als ihre jüngere Schwester, die ionische.«

»Der Ausdruck der dorischen Säule mußte hier, dem gewaltigen Gebälke gemäß, derjenige der größten Tragekraft sein. Man konnte möglichst dicke Pfeiler oder Zylinder hinstellen, allein der Grieche pflegte nicht durch Massen, sondern durch ideale Behandlung der Formen zu wirken. Seine dorische Ordnung aber ist eine der höchsten Hervorbringungen des menschlichen Formgefühls.«

»Das erste Mittel, welches hier in Betracht kam, war die Verjüngung der Säule nach oben. Sie gibt dem Auge die Sicherheit, daß die

Säule nicht umstürzen könne. Das zweite waren die Kannelierungen. Sie deuten an, daß die Säule sich innerlich verdichte und verhärte, gleichsam ihre Kraft zusammennehme; zugleich verstärken sie den Ausdruck des Strebens nach oben. Die Linien aber sind wie im ganzen Bau nirgends, so auch in der Säule nicht mathematisch hart; vielmehr gibt eine leise Anschwellung das innere schaffende Leben derselben auf das Schönste zu erkennen. So bewegt und beseelt nähert sich die Säule dem Gebälk. Der mächtige Druck desselben drängt ihr oberes Ende auseinander zu einem Wulst (Echinus), welchen hier das Kapitell bildet. Sein Profil ist in jedem dorischen Tempel der wichtigste Kraftmesser, der Grundton des Ganzen. Nach unten zu ist er umgeben von drei Rinnen, gleich als verschöbe sich hier eine zarte, lockere Oberhaut der Säule. Ihnen entsprechen und antworten etwas weiter unten, an der Säule selbst, drei Einschnitte ringsum. – Eine starke viereckige Deckplatte isoliert die Säule vom Gebälk.«

»Es folgt zunächst ein Band von hier sehr mächtigen Quadern, der sog. Architrav, ganz glatt und schmucklos. Es sind die Balken, welche über die Säulen hingehen. Was aber von Bewegung übrig ist, setzt sich fort in dem darauf folgenden Gliede, dem Fries. Die von innen kommenden Querbalkenenden sind in der Mitte zweimal und an beiden Seiten senkrecht eingekerbt zu ›Triglyphen‹, die Zwischenräume (Metopen) aber ausgefüllt mit Steinplatten, die ohne Zweifel mit Gemälden oder Reliefs geschmückt werden sollten.«

So wird diese »organische« Kunstform vor unseren Augen entwickelt. Aus dem Boden steigt der Tempel. Über das Kranzgesims erheben sich die Giebel, die in Attika zumindest mit Statuengruppen gefüllt wurden, deren Höhenverhältnis aber das wichtigste ist: »Der stumpfe Winkel des Giebels nämlich ist das Schlußergebnis jener ganzen idealen Rechnung zwischen Kräften und Lasten; er deutet genau an, wieviel von strebender Kraft am Ende übriggeblieben ist.« In ihrem Aufbau, wie sie erdacht und gebaut wurde, ersteht diese Form vor unseren Augen. Ob man selbst dort ist und mit den Blicken zwischen dem Bau und dem Text schweifen kann, ob man dort war und aus der Erinnerung sich die Form wieder vergegenwärtigt, oder ob man zu Hause sitzt und endlich hin will, um es selbst zu sehen: Jacob Burckhardt hat eine Sprache gefunden, die bei völliger Sachlichkeit die Bedeutung der idealen Formen sehen lehrt.

So gern der Autor das Schöne rühmt, wenn es da ist, so klar muß er deutlich machen, wenn es fehlt: »Neben der dorischen Ordnung entwickelte sich als deren schönstes Gegenbild die *ionische*; anfänglich in anderen Gegenden entstanden, auch wohl für gewisse Zwecke vorzugsweise angewandt, wurde sie doch mit der Zeit ein völlig frei verwendbares Element der griechischen Gesamtbaukunst. Leider ist in den griechischen Kolonien Italiens kein irgend beträchtlicher Überrest echt ionischer Ordnung erhalten, und die römischen Nachahmungen geben bei aller Pracht doch nur ein dürftiges, erstarrtes Schattenbild von dem Formgefühl und dem feinen Schwung des griechischen Vorbildes.«

Wenn solche Feststellungen zu Klagen werden, vermuten wir leicht ein klassizistisches Vorurteil. Aber hier sind wir weit davon entfernt. Nicht alles, was dasteht, wie ein unlängst in Mode gekommener urteilsloser Historismus dekretieren möchte, ist aus gleichem Rechte da. Man kann Gedanken verfehlen, eine übernommene Form mißverstehen, ebenso wie man sie selbständig fortentwickeln kann. Ein Beispiel für das Negative: »An den römischen Überresten fehlen hier wie bei allen Ordnungen die Kannellierungen oft, ja in der Regel; mit großem Unrecht, indem sie kein Zierat, sondern ein wesentlicher Ausdruck des Strebens sind und auf die bewegte Bildung des Kapitells und Gesimses notwendig vorbereiten.« Die Schulung des Auges für eine Kultur der Formen beginnt hier, in den gegliederten Elementen. Und nur da, wo es keine Kultur der Form gibt, kann das Ausmaß der Barbarei sich von der Scheußlichkeit aufgesetzter Zierformen und disproportionierter funktionsloser Säulen zu der falschen Alternative eines immerhin noch gliedernden Zierats und seiner ersatzlosen Beseitigung in der Trostlosigkeit des Kieskratzverputzes steigern.

Ein Dutzend Seiten weiter ist man schon in der römischen Kaiserzeit angekommen, beim Pantheon: »Das schönste Beispiel korinthischer Bauordnung ist anerkanntermaßen das *Pantheon* in Rom; ein Gebäude, welches zugleich so einzig in seiner Art dasteht, daß wir es hier vorweg behandeln müssen. Ursprünglich von Agrippa als Haupthalle seiner Thermen gegründet und erst später von ihm als

Tempel ausgebaut und mit der Vorhalle versehen, hat es nach allen Restaurationen und Beraubungen seine außerordentliche Wirkung im wesentlichen gerettet, doch nicht ohne schwere Einbuße.« Das Auge muß einiges ergänzen und aus dem Erhaltenen zusammenfügen: »Ferner entschließe man sich, aus den durchgängig mehr oder minder entblätterten Kapitellen in Gedanken ein ganzes, unverletztes zusammenzusetzen: gehören sie doch in ihrer Art zum Schönsten, was die Kunst geschaffen hat. (Die Schneidung des Kelchrandes mit der Deckplatte, vermittelt durch die darüber emporsprießende, durch zwei kleinere Voluten mit Akanthusblättern vorbereitete Blume, sowie die Bildung der größeren Eckvoluten hat nicht mehr ihresgleichen.) ... Man denke sich die drei Schiffe der Vorhalle mit drei parallelen, reich kassettierten Tonnengewölben bedeckt, über welchen sich noch jener Dachstuhl von vergoldetem Erz erhob, den Urban VIII. einschmelzen ließ. Vor allem vergesse man Berninis Glockentürmchen.«

»Im Innern überwältigt vor allem die Einheit und Schönheit des Oberlichtes, welches den riesigen Rundbau mit seinen Strahlen und Reflexen so wunderbar anfüllt.« Hier ist das Erschließen so wichtig wie das Würdigen der verbliebenen Elemente des im ganzen gut erhaltenen Gebäudes. Berninis Glockentürmchen, die man heute von Piranesis Stich her kennt, sind erst später abgenommen worden, den eingeschmolzenen vergoldeten Dachstuhl hat kein Papst restituiert. »Von dem Wunderwerk Hadrians, dem *Tempel der Venus und Roma*, sind nur Stücke ... erhalten. ... Man frägt sich nur, wo der Rest hingekommen? Was wurde aus der 500 Fuß langen und 300 Fuß breiten Halle von Granitsäulen, welche den Tempelhof umgab? Was aus den 56 kannelierten Säulen von griechischem Marmor ...? – Wenn irgendwo, so äußert sich hier die dämonische Zerstörungskraft des mittelalterlichen Roms, von welcher sich das jetzige Rom so wenig mehr einen Begriff machen kann, daß es beharrlich die nordischen ›Barbaren‹ ob all der greulichen Verwüstungen anklagt.«

Auf diesen Wandel des Erscheinungsbildes der Stadt Rom wird Burckhardt auch in der *Kultur der Renaissance in Italien* noch zu sprechen kommen. Erst als die Überreste schon gewürdigt wurden, wie von Petrarca, der aus ihrer Größe auf die des Ganzen schloß, nahm die Zerstörungswut solche Ausmaße an. Da gegen die soliden Bauwerke mit Kriegsmaschinen und selbst durch gewöhnliche Brandstiftung kaum anzukommen war, muß es sich um Gewinnstreben gehandelt haben, so daß man, was zum Bauen zu groß war, zerlegte, um Kalk zu brennen. Auch die kunsthistorische Würdigung kann vor den Verwüstungen der Geschichte nicht die Augen verschließen. Bei den Loggien des Vatikan, die Raffael zur schönsten und nicht etwa bloß zur »prachtvollsten Halle der Welt« machte, »ist es der Mühe wert, daß sich das Auge nach Kräften anstrenge, um sich alles, was noch irgend kenntlich ist, anzueignen. Nicht die Unbill der Witterung, sondern der elendeste Mutwille hat hier den größten Schaden angerichtet; es hat eiserner Werkzeuge bedurft, um den Stukko des Giovanni da Udine von Wänden und Pfeilern abzulösen.«

»Man sieht die Tausende einzelner Figurenmotive durch, die alle von *einem* Geiste durchdrungen und im rechten Stoff an der rechten Stelle angebracht sind, und fragt sich immer von neuem, welcher Art die geistige Verbindung zwischen Raffael und seinen Ausarbeitern gewesen sein möchte. Vergebens wird man sich in andern Kunstschulen nach etwas Ähnlichem umsehen. (...) Das große Geheimnis, wie das Unendlich-Viele zu einem harmonischen Eindruck zu gestalten sei, ist hier vermöge der *Gliederung* und *Abstufung* gelöst. Die Hauptpilaster, die Nebenpilaster, die Bogen, die Bänder und Gesimse verschiedenen Ranges erhalten jede Gattung ihr besonderes System von Verzierung; die Architektur bleibt noch immer die Herrin des Ganzen. Was die Fenster der Mauerseite von Wandfläche übrigließen, wurde durchsichtig gedacht und erhielt auf himmelblauem Grunde jene unübertrefflich schönen Fruchtschnüre, in welchen der höchste dekorative Stil sich mit der schönsten Naturwahrheit verbindet, ohne daß nach einer optischen Illusion gestrebt worden wäre, die das Auge hier gar nicht begehrt.«

Da der *Cicerone* heute weniger gelesen und benutzt wird, als er es verdient hätte, muß man seine Eigenart ein wenig hervorheben. An der Entwicklung der Kunstformen erweckt er den geschärften Blick und das gesteigerte Wahrnehmungsvermögen, die den Genuß erst möglich machen. Die Knappheit der Darstellung bewahrt vor der predigthaften Auslegung, zu der die moderne Werkimmanenz leicht verführt. Der *Cicerone* widmet den Grundformen die nötige beschauliche Muße, drängt dann aber sofort aufs Aperçu und hütet sich vor aller falschen Andacht. Besonders überraschend ist das bei Gelegenheit von Michelangelo:

»Seine wahre Größe liegt hier wie überall in den Verhältnissen, die er nirgends, auch nicht von den antiken Bauten kopiert, sondern aus eigener Machtfülle erschafft, wie sie der Gegenstand gestattet. Sein erster Gedanke ist nie die Einzelbildung, auch nicht der konstruktive Organismus, sondern das große Gegeneinanderwirken von Licht- und Schattenmassen, von einwärts- und auswärtstretenden Partien, von obern und untern, mittlern und flankierenden Flächen. Er ist vorzugsweise der im großen rechnende Komponist. Vom Detail verlangt er nichts als eine scharfe, wirksame Bildung. Die Folge war, daß dasselbe unter seinen Händen ganz furchtbar verwilderte und später allen Bravourarchitekten für die größten Mißformen zur Entschuldigung dienen konnte.«

In Konflikt mit der modernen Kunstandacht gerät Burckhardt aber nicht bei der Architektur, wo diese romantisierende Andacht sich weniger auf das schwer faßbare einzelne Werk als auf die – erhebenden – Stilzüge richtet, sondern bei der Skulptur. An Michelangelos Größe ist kein Zweifel, aber das darf den kritischen Blick nicht vernebeln:

»Michelangelo aber war stärker als je ein Künstler von dem Drange bewegt, alle irgend denkbaren und mit den höhern Stilgesetzen vereinbarten Momente der lebendigen, vorzüglich der nackten Menschengestalt aus sich heraus zu schaffen. Er ist in dieser Beziehung das gerade Gegenteil der Alten, welche ihre Motive langsam reiften und ein halbes Jahrtausend hindurch nachbildeten; er sucht stets neue Möglichkeiten zu erschöpfen und kann deshalb der moderne Künstler in vorzugsweisem Sinne heißen. (...) Und welcher Art ist das Leben, das er darstellt? Es sind in ihm zwei streitende Geister: der eine möchte durch rastlose anatomische Studien alle Ursachen und Äußerungen der menschlichen Form und Bewegung ergründen und der Statue die vollkommenste Wirklichkeit verleihen; der andere aber sucht das Übermenschliche auf und findet es – nicht mehr in einem reinen und erhabenen Ausdruck des Kopfes und der Gebärde, wie einzelene frühere Künstler –, sondern in befremdlichen Stellungen und Bewegungen und in einer partiellen Ausbildung gewisser Körperformen in das Gewaltige. Manche seiner Gestalten geben auf den ersten Eindruck nicht ein erhöhtes Menschliches, sondern ein gedämpftes Ungeheures. Bei näherer Betrachtung sinkt aber dieses Übernatürliche oft nur zum Unwahrscheinlichen und Bizarren zusammen.«

Eine »Anleitung zum Genuß« muß sich auf die persönliche Empfindung gründen und darf dem Konflikt nicht ausweichen. Jacob Burckhardt hat etwas zu verteidigen, und deshalb ist er unerbittlich bei Werken, die gerade zu Hauptstücken für die Andacht mancher modernen Kunstbetrachter geworden sind, so bei der Pietà Rondanini. Aber der historische Gesichtspunkt erlaubt wiederum eine versöhnliche Bemerkung zu Michelangelo:

»Er war ein großartiges *Schicksal* für die Kunst: in seinen Werken und ihrem Erfolg liegen wesentliche Aufschlüsse über das Wesen des modernen Geistes offen ausgesprochen. Die Signatur der drei letzten Jahrhunderte, die *Subjektivität*, tritt hier in Gestalt eines absolut schrankenlosen Schaffens auf. Und zwar nicht unfreiwillig und unbewußt wie sonst in so vielen großen Geistesregungen des 16. Jahrhunderts, sondern mit gewaltiger Absicht. Es scheint, als ob Michelangelo von der die Welt postulierenden und schaffenden Kunst beinahe so systematisch gedacht habe wie einzelne Philosophien von dem weltschaffenden Ich.«

Entsprechend war auch die geschichtliche Wirkung, welche die monographische und werkbetrachtende Interpretation außer acht läßt. »Er hinterließ die Skulptur erschüttert und umgestaltet. Keiner seiner Kunstgenossen hatte so fest gestanden, daß er nicht durch Michelangelo desorientiert worden wäre.« Zugleich war die äußere Geltung der Skulptur durch ihn erhöht worden.

Gerade weil Burckhardt einen geschichtlichen Standpunkt geltend macht, braucht er auch die Leistungen nicht anderswoher abzuleiten. Unzweifelhaft hat die Kunst des Jan van Eyck in Italien eine große Wirkung gehabt, in der Darstellung und in der Technik. Daneben verwies man auf den Einfluß antiker Skulpturen, den die italienische Malerei vor der nordischen vorausgehabt habe: »Allein der Augenschein lehrt, daß jeder Fortschritt mit einer unendlichen Anstrengung, welche im Norden fehlte, der *Natur* abgerungen wurde. (...) Es konnte gar nicht im Geist einer mit so unermeßlichen Kräften vorwärtsstrebenden Kunst liegen, sich irgendein Ideal von außen anzueignen; sie mußte von selbst auf *das* Schöne kommen, das ihr eigen werden sollte.«

Die Eigenheit der italienischen Malerei entfaltete sich aber in einem Medium, für das es bei den Niederländern kein Pendant gab. Seit Giotto ist das Fresko das eigentliche Betätigungsfeld der italienischen Malerei, und es hat ihr auch da, wo man gar keine Fresken malte wie in Venedig, eine Freiheit und Großflächigkeit vermittelt, die es bei den Niederländern vor dem Barock nicht gibt. Nicht nur ein reihendes Erzählen auf den Wänden von Kapellen, Kirchen und Kreuzgängen wurde damit möglich in räumlicher Nebenordnung, sondern eine dramatische Inszenierung des einzelnen Bildmomentes, zu der es im Norden keinen Vergleich gibt. Die vor raumverdrängendem Volumen fast platzenden Gestalten Giottos in spannungsvoll dichten Kompositionen oder die vollkommene Belebung der bewegten Gestalten und der Blicke bei Masaccio und bei Piero della Francesca haben in der Malerei des Nordens kein Äquivalent. Ein Höhepunkt der Malerei im Fresko sind ohne Zweifel Raffaels figurenreiche Kompositionen in der Camera della Segnatura. In der Entwicklung der Kunst sind sie »ein wahrhaft gefährlich-lockendes Vorbild« gewesen, wobei alle Gemälde analogen Inhalts als »von Raffael abhängig oder als ihm weit untergeordnet« erscheinen.

Raffael ist bei den gewaltigen Themen von völliger Unbefangenheit im Historischen und Antiquarischen. »Die Aktion, welche diese Bilder beseelt, ist allerdings nur die Sache des größten Künstlers.« Dazu kann schon der architektonische Hintergrund gehören wie bei der *Schule von Athen*: »ist die wunderschöne Halle, welche den Hintergrund ausmacht, nicht bloß ein malerischer Gedanke, sondern ein bewußtes Symbol gesunder Harmonie der Geistes- und Seelenkräfte? Man würde sich in einem solchen Gebäude so wohl fühlen! – Wie dem nun sei, Raffael hat das ganze Denken und Wissen des Altertums in lauter lebendige Demonstrationen und in eifriges Zuhören übersetzt; die wenigen isolierten Figuren, wie der Skeptiker und Diogenes der Zyniker, sollen eben als Ausnahmen kontrastieren. Daß die rechnenden Wissenschaften den Vordergrund unterhalb der Stufen einnehmen, ist wieder einer jener ganz einfachen genialen Gedanken, die sich von selbst zu verstehen scheinen. Trefflichste Verteilung der Lehrenden und der Zuhörenden und Zuschauenden, leichte Bewegung im Raum, Reichtum ohne Gedränge, völliges Zusammenfallen der malerischen und dramatischen Motive.«

Der fruchtbare Gedanke Raffaels – ganz gleichgültig, in welchem Maße er von Gelehrten beraten wurde – ist die Verkörperung historischer Gestalten durch die Physiognomien von Zeitgenossen. Mochte das bei den geistlichen Allegorien sich mangels authentischer oder überlieferter Bildnisse fast von selbst verstehen, so liegt in der *Schule von Athen* ein ebenso kühner wie plausibler Gedanke zugrunde. Die Philosophen des Altertums erhalten die Köpfe der Künstler der Renaissance, und nicht etwa die der Humanisten oder Universitätslehrer. Damit ist etwas über die Rangerhöhung des Künstlers und über die Auffassung antiker Philosophie in der Renaissance im Bilde ausgesprochen. Und das in einer zuvor nie erreichten Harmonie des Ganzen:

»Bei Raffael zuerst ist die Form durchaus schön, edel und zugleich geistig belebt ohne Nachteil des Ganzen. Kein Detail präsentiert sich, drängt sich vor; der Künstler kennt genau das zarte Leben seiner großen symbolischen Gegenstände und weiß, wie leicht das Einzel-Interessante das Ganze übertönt. Und dennoch sind seine einzelnen Figuren das wichtigste Studium aller seitherigen Malerei geworden.« – »Mit einer unbeschreiblichen Macht und Herrlichkeit hält Raffael seinen Einzug in das Gebiet der dramatischen Malerei; sein erstes Gemälde war der *Heliodor*. Welch ein Atemschöpfen nach den symbolisch bedingten Bildern der Camera della Segnatura! Er hat keine großartigere bewegte Gruppe mehr geschaffen als die des himmlichen Reiters, mit den im Sturm zu seiner Seite schwebenden Jünglingen und dem gestürzten Frevler nebst dessen Begleitern.« – Raffael »erfüllt Aufgaben, deren geistige Prämissen – ohne seine Schuld – uns sehr fernliegen, auf eine Weise, welche uns ganz naheliegt. (...) Die höchste persönliche Eigenschaft Raffaels war, wie zum Schluß wiederholt werden muß, nicht ästhetischer, sondern sittlicher Art: nämlich die große Ehrlichkeit und der starke Wille, womit er in jedem Augenblick nach demjenigen Schönen rang, welches er eben jetzt als das höchste Schöne vor sich sah.«

# *Laokoon oder die Grenzen …*

»Es fällt mir wie Schuppen von den Augen« – das ist der Ausdruck, mit dem auch Karl Philipp Moritz nach zwei Jahren in Rom und dem Anschauen der Werke bildender Kunst in Gesellschaft deutscher Maler und in Gesprächen mit Goethe seine Erfahrung benennt. Er konnte damals *Über die bildende Nachahmung des Schönen* (1788) schreiben, die erste Ästhetik der künstlerischen Produktion und Wahrnehmung, während die übrigen Ästhetiken den Eindruck des Schönen (und Erhabenen) und das Urteil reflektierten. Die Entfesselung und Bändigung von Kräften, die den Menschen sonst vernichten würden, die Verkörperung der höchsten Interessen und ein Genuß, der bis an die Grenzen der Vernichtung geht. Als eine Freundin Jacob Burckhardt fragt, wie sie sich mit der griechischen Mythologie vertraut machen könne, empfiehlt er ihr Moritz' *Götterlehre* (zuerst 1791), die auf diese Ästhetik die Probe macht im lebendigen Erfassen des antiken Mythos und ihn durch Zeichnungen von Jakob Asmus Carstens nach antiken Gemmen und durch einige Gedichte Goethes veranschaulicht.

Es war eine Zeitlang üblich, die Kunstfrömmelei mit dem Genuß, den man nicht kannte und nicht verstand, zu verwechseln. Nur so konnte eine Beschäftigung mit der Kunst, die Leben und Geist verwandelte, als ein Ersatz angesehen werden. Und diesen Ersatz nannte man gern »Kunstreligion«. Vielleicht ist deshalb der Ort nicht ganz unwichtig gewesen, gehört es deshalb zu den Erfahrungen Roms, daß es anders ist. Rom war im 18. Jahrhundert und so wie Goethe es kennenlernte, aber auch noch zur Zeit der Besuche Burckhardts eine Stadt, deren unbeträchtliche Gegenwart ihre gewaltige Vergangenheit nicht verdecken konnte. Für die Reisenden aus dem Norden, und nicht nur die Protestanten, hatten Papst und Kurie etwas Exotisches und Folkloristisches. Zwischen den antiken

Ruinen und den barocken Bauwerken, die von ihrer eigenen größeren Vergangenheit zeugten, konnte man sie nicht recht ernst nehmen.

Wenn irgendein Ort, so stand Rom für die sichtbare Erfahrung, daß die Kunst älter ist als das Christentum. Die ägyptischen und orientalischen Werke vermittelten den Eindruck, daß dort die Kunst im Dienst der Religion gestanden habe. In Griechenland verwirklichte sich die Kunst unter Bedingungen der Freiheit. Und das war eine Freiheit, die sich nicht durch eine kleine Tyrannis einschränken ließ. Eine Freiheit zudem, die keine hierarchisch organisierte Kirche kannte und die selbst dem Kult der Stadt wie den olympischen Göttern menschliche Form gegeben hatte. Wo das Vermögen der Form geringer war, wie in der römischen Welt, bedeutete Religion immer noch eine Heiligung des Alltagslebens und keine Trennung eines Außen von einem Innen, eines Profanen von einem Sakralen.

Das Ereignis der Renaissance, die ein Geist und ein Stil ist und nicht eine ganze Epoche flächendeckend prägt, bestand darin, ungeheure eigene Kräfte in der Kunst zu mobilisieren, die ab und zu einen erstaunten Blick auf die Überreste der Antike warf und kein Problem darin sah, sich Themen und Aufträge aus der religiösen Sphäre geben zu lassen. Jacob Burckhardt erörtert das Problem religiöser Kunst da, wo er auf den neuen Geist in der Malerei Europas im 15. Jahrhundert zu sprechen kommt:

»Das Kunstwerk gibt zunächst *mehr*, als die Kirche verlangt; außer den religiösen Beziehungen gewährt es jetzt ein Abbild der wirklichen Welt; der Künstler vertieft sich in Erforschung und Darstellung des äußern Scheines der Dinge und gewinnt der menschlichen Gestalt sowohl als der räumlichen Umgebung allmählich alle ihre Erscheinungsweisen ab.« So verwandele sich auch die Schönheit, zunächst vom Typus zur charakteristischen Deutlichkeit und, wo es gelingt, zu einer »neugeborenen sinnlichen Schönheit«, die schlicht ein Erfordernis der neuen Kunst ist. »In diesem Sinne gibt jetzt das Kunstwerk *weniger*, als die Kirche verlangt oder verlangen könnte. Der religiöse Gehalt nimmt eine ausschließliche Herrschaft in Anspruch, wenn er gedeihen soll. Und dies aus einem einfachen Grunde, den man sich nur nicht immer klar eingesteht; dieser Gehalt ist nämlich wesentlich negativer Art und besteht im Fernhalten alles dessen, was an profane Lebensbeziehungen erinnert. (...) Man rechne der Kunst nach, wie wenige Mittel sie hat, um direkt auf die Andacht zu wirken; sie kann hohe Ruhe und Milde, sie kann Hingebung und Sehnsucht, Demut und Trauer in Köpfen und Gebärden schildern – lauter Elemente, die ohnehin dem allgemein Menschlichen angehören und nicht auf die christliche Gefühlswelt beschränkt sind.« So bleibt eine allgemeine Feierlichkeit, eine gewisse Stofflosigkeit der zeitlosen Gewandung, die bei dem »begeisterten Studium des Nackten und der menschlichen Gestalt und Bewegung überhaupt« in einen Konflikt mit diesen Interessen der Künstler geraten.

Die italienische Kunst schafft sich einen Freiraum in den großflächigen Wandbildern der neuen Freskotechnik. Und man begnügt sich nicht damit, Szenen der religiösen Überlieferung zu vermenschlichen, zu aktualisieren und mit der Würde antikisierender Darstellung zu umgeben, sondern man emanzipiert ganze Gattungen, die im Altarbild und im privaten Tafelbild nicht zur Geltung kommen können, in mythologischen und allegorischen Darstellungen. Ein Problem bildet der Ausdruck des Leidens, wofür man mit den mittelalterlichen Lösungen nicht mehr künstlerisch zufrieden sein kann. Der in Rom zur rechten Zeit der hohen Renaissance aus der Erde geborgene Laokoon wurde hier zum Paradigma. Vor allem in der klassischen deutschen Kunstliteratur seit Winckelmann und Lessing galt dieses Werk als Muster des in sich gefaßten bildnerischen Ausdrucks des Schmerzes im Gegensatz zu seiner ausgeführten poetischen Darstellung in der literarischen Vorlage.

Die Schwierigkeit besteht darin, dem Werk überhaupt mit eigenen Augen und mit eigenem Urteilsvermögen gegenüberzutreten, weil man in Versuchung gerät, das Gelesene wiederzuerkennen. In sein Arbeitsbuch notiert Burckhardt kritisch und nüchtern: »Ausdruck des Laokoon: mitleiderregend, hoffnungslos, ein klägliches Martertum; er weiß schnell, wofür er büßt und fällt ohne Vorwurf gegen die Götter. – Keine Regung von Unmut, wie Winckelmann meinte. – Kein vorwurfsvolles Gefühl der Unschuld, wie Visconti meinte. – Auch keine besondere Erhabenheit und Seelenstärke im Kampf mit der Not, wie Winckelmann glaubte. – Klagend, nicht schreiend; auf seinem Angesicht trüber Duft der Wehmut. Ein sanfter Ausdruck, etwas Priesterliches! ... das Hauptverdienst neben der unvergleichlichen Ausführung: das hohe Maßhalten im Pathos.« (*Kaegi*, III, S. 440)

So sein Eindruck vor Ort, nach einer Aufzeichnung für die Vorlesung über antike Kunst. In einer späteren Notiz dazu läßt er seinem Zorn über die wachsende Flut unsinniger Literatur zum Laokoon ein wenig die Zügel: »Das Werk ist durch die neuere Ästhetik seit bald 150 Jahren völlig zu Boden geredet. Gegenüber der Bewunderung die höchst lächerlichen Vorbehalte der Ästhetiker, welche mit ihrem Bewußtsein über dem Werke zu stehen praetendieren... Dem nächsten Ästhetiker, der gegen die Gruppe das Maul auftut, gebe man als Klausurarbeit einen Vater, zwei Söhne und zwei Schlangen und sage ihm: mach's jetzt besser...«

Im *Cicerone* bereitet er den Leser durch einen würdevollen Ton auf die Bedeutung des Werkes und seiner Deutungen vor: »Die *Gruppe des Laokoon* im Belvedere des Vatikan ist durch die größten Geister unserer Nation beschrieben und mit einer Tiefe gedeutet worden wie vielleicht kein anderes Kunstwerk der Welt. (...) Wir haben das Werk nicht zu erklären, sondern nur davon zu reden, wie der einzelne es sich am ehesten geistig zu eigen machen könne. Das erste, worüber man genau ins klare kommen muß, ist der Moment, dessen Wahl und Bezeichnung an sich schon ihresgleichen nicht mehr hat. Man wird finden, daß derselbe aus einem unvergleichlichen Zusammenwirken einer Anzahl Momente verschiedenen Grades besteht. In und mit diesen entwickeln sich die Charaktere zu einem Ausdruck, welcher in dem Kopfe des Vaters seinen höchsten Gipfelpunkt erreicht. Bei weiterer Betrachtung wird man innewerden, wie die dramatischen Gegensätze zugleich die schönsten plastischen Gegensätze sind, und wie die Ungleichheit der beiden Söhne an Alter, Größe und Verteidigungskraft ausgeglichen wird durch jene furchtbare Diagonale, welche in der Gestalt Laokoons sich ausdrückt; die Gruppe erscheint schon als Gruppe absolut vollkommen, obschon sie nur für die Vorderansicht bestimmt ist. Das einzelne der Durchführung ist dann noch der Gegenstand langen Forschens und stets neuer Bewunderung. Sobald man sich Rechenschaft zu geben anfängt über das Warum? aller einzelnen Motive, über den Mischungsgrad des leiblichen und geistigen Leidens, so eröffnen sich, ich möchte sagen, Abgründe künstlerischer Weisheit. Das höchste aber ist das Ankämpfen gegen den Schmerz, welches Winckelmann zuerst erkannt und zur Anerkennung gebracht hat. Die Mäßigung im Jammer hat keinen bloß ästhetischen, sondern einen sittlichen Grund.«

Kunst rührt immer an das Ethische (das nichts mit den veränderlichen moralischen Vorschriften zu tun hat). Wo die künstlerische Arbeit unernst, leer oder pompös wird, ist es auch mit dem Werk vorbei. So wie Geschichtsschreibung zur Publizistik verkommt, wenn sie einer Tendenz folgt, so sinkt Kunst, wenn sie ihre Aufgabe verfehlt, zum modischen und vergänglichen Dekor herab. Daß Werke einer vergangenen Zeit lange vergessen sein können und selbst, wenn sie zugänglich sind, nicht angeschaut und gewürdigt werden, um dann auf einmal für viele Menschen und ganze Generationen und Jahrhunderte lang den höchsten Gehalt der Kunst zu verkörpern, das gehört zu den geheimnisvollen Wechselwirkungen von Kunst und Geschichte. Jede Erklärung aus *einem* Grunde wäre ein Unrecht, denn die Werke gehören in das Ganze des Lebens, worin das Intimste und Persönlichste, unsere Empfindungen und Gefühle, sich mit dem individuellen Ausdruck von Künstlern vergangener Epochen und entfernter Länder zu einer allgemeinen Kultur vermitteln.

Der einzigartige Boden Italiens erlaubt es, anhand des dort Geschaffenen und Bewahrten eine Geschichte der Kunst Europas zu skizzieren. Das geschieht in drei Durchgängen gemäß den drei bildenden Künsten, deren begriffliche Unterscheidung auch erst langsam mit dem Blick auf die antike und Renaissance-Kunst aus der Vielzahl künstlerischer Betätigungen geschaffen wurde. Das Klima, die Landschaft, das Leben des Volkes gehört dazu. Wenn eine sich selbst mißverstehende Modernität die Haine der Villen 1849 großenteils abholzt, so beklagt Burckhardt das als »zwecklosen Vandalismus«. Die Gelassenheit und Würde der römischen Bettler macht auf Burckhardt stets einen tiefen Eindruck. Sie sind immer schon Staffagefiguren klassischer Bildkompositionen. Gewiß ist der Blick des Bildbetrachters dafür geschärft, das Malerische, das sich in der Realität bildet, wiederzuerkennen.

Es war aber auch kein Zufall, daß Rom und die Landschaften

seiner Umgebung, Tivoli mit Felsen und Wasserstürzen, und die Campagna der europäischen Malerei immer wieder Motive geboten haben. Die italienischen Gärten der Renaissance unterschieden sich nur wenig von den französischen. Als sie jedoch dreihundert Jahre lang der Natur überlassen waren und fortwucherten, inspirierten sie den englischen Landschaftsgarten. Die Bauten Roms, die Petrarcas Begeisterung erregten und die für die zeichnerische Darstellung wie für die architektonische Bauaufnahme mit Ansicht, Grundriß und Querschnitt Musterfälle wurden, von Raffael und Palladio an, blieben Vorbilder. Über seinem Schreibtisch hatte Burckhardt Piranesis Stich mit der Innenansicht des Pantheon, das seiner beinahe religiösen Auffassung vom Zentralbau entsprach. In Rom ist aber auch die Kunstgeschichte und mit ihr der neue Klassizismus entstanden. Jacques-Louis David versucht nicht nur Rousseaus Begeisterung aufzunehmen, sondern mit Winckelmanns Augen zu schauen.

Die Renaissance beginnt damit, daß der Mensch bemerkt, daß er so, wie er im Alltag und nach der Mode seiner Zeit aussieht, nicht für die verewigende Darstellung der Kunst geeignet ist. In Italien beginnt die Arbeit der bildenden Künstler, auf Formeln der Antike in der eigenen Arbeit zurückzugreifen und sie zu verwandeln. Es ist nicht *die* Anatomie, die den Körper als von außen entblößt, sondern die, die ihn als von innen bewegt zu einem Thema der Kunst macht. Den ganzen Körper als Ausdruck der Empfindungen und Affekte, als Physiognomie zu behandeln, wie andere nur das Gesicht darstellten, das wird seit Giovanni Pisano und Giotto der italienische Beitrag zur Moderne, und die Landschaft als ein Reflex des Körpers, als Aufnehmen seiner Stimmung seit Giovanni Bellini und Giorgione. Dieses Vorangehen Italiens beim Selbstbewußtwerden des modernen Europäers zum Thema zu machen stellte sich Jacob Burckhardt als eine Aufgabe dar, der er nicht auszuweichen vermochte.

# *Die Kultur der Renaissance in Italien*

Wenn jemand eine Krisenepoche der Weltgeschichte im Querschnitt dargestellt hat wie in der *Zeit Constantins des Großen* und das Schönste, was die Kunst geschaffen hat, in Längsschnitten beschrieben wie im *Cicerone,* was kann ihn dann noch locken? Statt der vielen, 1848 in Rom geplanten kulturgeschichtlichen Bilder von der Antike bis in die Moderne ein einziges und natürlich das wichtigste im großen Maßstab. Könnte einen, der so vertraut geworden ist mit der Kultur und Lebensatmosphäre einer Epoche und eines Landes, deren Darstellung reizen? Und zwar deshalb, weil sie noch in die Gegenwart hineinreicht, weil mit ihr eine große geistige Krise der Moderne faßbar wird. Keine Zeit des Niedergangs diesmal, sondern eine Zeit ungeheuren Schwungs in der künstlerischen Arbeit, die von dem Bewußtsein begleitet war, Großes zu schaffen. Die Kultur der Renaissance in Italien.

Nicht die Geschichte der Renaissance also, nicht der Gang der Ereignisse. Die politische Geschichte Italiens und auch ihre wirtschaftliche Entwicklung bilden keine Blütezeit. Im System der europäischen Mächte ändert sich die Konstellation so, daß Italien kaum mehr eine handelnde Macht ist, sondern bei noch großem Reichtum eher ein Opfer der Ausbeutung und der Kriegsschauplatz für die entstehenden Nationalstaaten wird, die von Italiens Pracht geblendet sind. Es war Burckhardt nicht unbekannt, daß die wirtschaftliche Macht der Städte und sogar ihre Bevölkerungszahl sich kaum oder nur sehr langsam von der großen Pest im Jahre 1348 erholten, der ein paar große Bankkräche vorangegangen waren.

Staat und Politik spielen insofern eine Rolle, als sie besondere Formen ihrer Organisation ausbilden und damit ihrerseits auf die Gesellschaft und ihre Kultur einwirken. Ebenso ist die Religion nicht mit ihrer äußeren Geschichte – von der »babylonischen Gefangenschaft« der Kirche, das heißt der Päpste und der Kurie, in Avignon, bis hin zum Konzil von Trient – Gegenstand des Buches, sondern insofern sie das Alltagsleben, die ethischen Maßstäbe und den Aberglauben beeinflußt, die Humanisten integriert oder zu bestimmten Zeiten ausschließt und verfolgt, an die Künstler Aufträge erteilt und auch da teils fördernd, teils einschränkend oder zensurierend und verbietend einwirkt. Die moderne Wirtschafts- und Sozialgeschichte, die manche Kritiker Burckhardts lieber von ihm gehabt hätten, die gab es bereits, und gar nicht so übel, in Sismondis *Histoire des Républiques italiennes au moyen âge* (1807–1818 in sechzehn Bänden). Sismondi, der die ökonomischen Lehren von Adam Smith auf dem Kontinent verbreitete und sich im Salon der Madame de Staël bewegte, war Utilitarist und fortschrittsgläubig. Er dachte sich eine Entwicklung, die von den italienischen Stadtstaaten und ihren Bündnissen in der Zeit Barbarossas (die Lombardische Liga um 1200) zur gesamtitalienischen Föderation und zu einem Nationalstaat auf geradem Wege hätte führen können. Da mußte Burckhardt widersprechen, dafür kannte er die zerstörerische Konkurrenz der Kleinstaaten zu genau, die sich lieber einer Gewaltherrschaft unterwarfen als zu koalieren.

Burckhardt liest die Quellen genauer. Er hat nicht eine Theorie im Kopf, für die er Belege sucht, sondern er schenkt den Zeugnissen einer vergangenen Zeit die volle Aufmerksamkeit, um das herauszufinden, was für diese Epoche einzigartig und deshalb bezeichnend ist. So muß er dem Tendenzhistoriker, der die Vorläufer damaliger Einigungsbewegungen Italiens stark zu machen versuchte, widersprechen. Und manchmal sehr deutlich: »Nicht wahr, Citoyen Sismondi, es hätte schon damals alles an die Spekulanten kommen sollen«, schreibt er später einmal in seine Notizen für eine Vorlesung.

Ähnlich wie der Staat wird auch die Religion hier betrachtet, insofern sie die Kultur der Epoche prägt. Nicht die Ereignisse sind hier Gegenstand, sondern Verhaltensweisen, Stimmungen, wie sie durch Anekdoten, aus Lebensbeschreibungen, in Reflexionen, aber auch in der Folge der Novellensammlungen zum Ausdruck kommen. Der Grad der Religiosität, wie er sich an der allgemeinen Höhe sittlichen Handelns bestimmen ließe, ist schwer zu beurteilen. Aber bezeichnend ist es, wenn nicht ein Bußprediger, sondern ein ernster Beobachter seiner Gesellschaft wie Machiavelli Italien besonders irreligiös findet und den Grund dafür in der Anwesenheit der Kurie, im schlechten Beispiel des Klerus sieht. Die Rache und das Ehrgefühl werden zu Gradmessern, die Stellung der Frau, die Achtung der Ehe. Die Novellenschreiber in der Folge der Generationen sind dafür ein wunderbares Zeugnis. Was jeweils die Grenzen der Schicklichkeit zieht, was man verzeiht, vor allem wenn es keiner erfahren hat, und was eine oft grausame, manchmal aber kunstvolle Rache herausfordert. Oder wie die Verspottung der Mönche, besonders derer aus den Bettelorden, mit der Zeit sich steigert und von der belustigten Verachtung bis zu einer verzweifelten Entrüstung reicht.

In diesem Bereich, der den Historikern früher ferner lag, gab es sehr viel weniger Kritik an Burckhardts Buch, und einer der gelehrtesten Kenner der Quellen, Ludwig Pastor, der Verfasser der vielbändigen Geschichte der Päpste, warb um die Freundschaft des älteren Kollegen und suchte ihn in Basel auf. Inzwischen geht eine der Tendenzen historischer Forschung dahin, diese Aspekte als Geschichte der Mentalität intensiv auszubauen und aus Zeugnissen etwa des Aberglaubens, die nur durch Aufzeichnung bei Inquisitionsprozessen in die Archive gelangten, Weltbilder der illiteraten Unterschichten zu deuten und sich um die vermeintlich bekannte Kultur nicht weiter zu kümmern.

Die *Kultur der Renaissance in Italien* teilt sich in sechs Kapitel:

I. Der Staat als Kunstwerk
II. Entwicklung des Individuums
III. Die Wiedererweckung des Altertums
IV. Die Entdeckung der Welt und des Menschen
V. Die Geselligkeit und die Feste
VI. Sitte und Religion

Dieser Aufbau verliert alles Rätselhafte oder Unbegreifliche, wenn man ihn mit der Erfahrung der Lektüre der *Weltgeschichtlichen Betrachtungen* zusammenhält: Burckhardt beschreibt die Kultur und ihre Bedingtheit durch den Staat und die Religion. Natürlich bedingen diese sich auch untereinander und werden ihrerseits von der Kultur bedingt. Burckhardt wagt eine vorsichtige Begriffsbestimmung: »Die Kultur, das heißt die ganze Summe derjenigen Entwicklungen des Geistes, welche spontan geschehen und keine universale Zwangsgeltung in Anspruch nehmen.« (*Studium,* S. 276) Ihre Wirkung auf die beiden anderen »stabilen Lebenseinrichtungen« wird als »unaufhörlich modifizierend und zersetzend« beschrieben. Kultur kann zum Bewußtsein ihres eigenen Seins und Tuns gelangen und ist in jedem Fall »die Kritik der beiden, die Uhr welche die Stunde verrät, da in jenen Form und Sache sich nicht mehr decken«.

In der Ausführung dieser Gedanken erweist Burckhardt sich als der erste, der die Kultur und besonders die Künste nicht mehr als eine schöne zusätzliche Blüte oder schlicht als Schmuck mächtiger und wohlhabender Staaten ansieht, sondern ihnen Symptomcharakter verleiht. Für die Erkenntnis des Geschichtlichen, wohlverstanden, denn sonst darf die Kunst nicht als ein Mittel für etwas anderes, und seien es, wie in Schillers Ästhetik, noch so edle Zwecke, eingespannt werden. Da ist festzuhalten: »die Kunst ist in hohem Grade um ihrer selbst willen vorhanden.« (*Studium,* S. 278) Als Symptom sind sie die kostbarste Quelle des Historikers, aber wiederum nicht, um etwas anderes daran abzulesen, sondern um an ihnen das Menschliche und Geschichtliche genauer zu begreifen als an bloß administrativen Aufzeichnungen oder diplomatischen Briefwechseln.

Es ist also nicht die Aufgabe, an Werken der Kunst den gesellschaftlichen Niedergang abzulesen in Zeiten, aus denen wenig schriftliche Quellen überliefert sind. Dabei verwechselt man die eigene normative Ästhetik oder puritanische Moral mit den Aufgaben der Kunst einer fremden Epoche. Diesen Kurzschluß hatten die Historiker der Generation von Burckhardts Lehrern oft genug vollzogen. Dagegen hatte er in der *Zeit Constantins des Großen* feinere Werkzeuge der Beobachtung und Interpretation gebraucht. Staaten können sehr mächtig und reich sein, ohne eine Kunst von Belang hervorzubringen und das auch nur selbst als Mangel wahrzunehmen; im Zweifelsfall importieren sie, was bei ihnen nicht selbst hervorgebracht wird, oder historisieren, indem sie eigene oder fremde Vergangenheiten ausbeuten.

So groß etwa die Verdienste Voltaires um die Kulturgeschichte sind, so hat er doch mit einer gewissen Naivität im *Zeitalter Ludwigs XIV.* (1752) Epochen äußerer Machtentfaltung mit der kulturellen Blüte korreliert. So ergaben sich vier vorbildliche Zeitalter: das des Perikles (das aber beinahe bis zu Alexander dem Großen geführt wurde, wobei alles unterging, was vorher groß schien), das des Augustus (wobei man den römischen Bürgerkrieg ausblenden muß), das des Lorenzo Magnifico (ein Medici-Bankier ohne definiertes politisches Amt, der seine Bank ruinierte und ein Florenz hinterließ, das dem französischen Überfall 1494 hilflos ausgesetzt war) und schließlich das Ludwigs XIV., der nach seiner prächtigen ersten Regierungshalbzeit sein Land bald herunterwirtschaftete. Die großen Werke der Kunst, die in diesen Zeiten entstanden, werden affirmativ als Ausdruck des Glanzes und als Ergebnis fürstlicher Förderung angesehen.

Die Werke sind aber Ausdruck der Gefährdung und ihr abgerungen. Sie stehen in einem gespannten Verhältnis zu ihrem Publikum und zur öffentlichen Macht. Umgekehrt sind Werke der politischen Satire und gesellschaftlichen Kritik kein Beleg für Dekadenz, als sei es erst dann schlimm, wenn man es beschreibt, oder schlimmer als in Zeiten rühmender Literaturgattungen. Leopold von Ranke hatte in seinen Vorlesungen stets die politische Geschichte ergänzt durch ein paar Sätze über die Künste, so schön gedrechselt, daß die Studenten und auch der junge Jacob Burckhardt sie auswendig hersagen konnten. Andere erblickten in der schärferen psychologischen Analyse literarischer Darstellungen den Beweis für den Verfall der Sitten oder im Wechsel der Themen allein schon das Verschwinden der Inhalte. So halten immer noch manche Betrachter von Bildern den Maler und den Auftraggeber für religiös, wenn der Stoff und die Darstellung als kniender Stifter auf religiöse Thematik verweist. Die Moral des Malers erweist sich aber in seiner Kunst allein, und die des Stifters, der oft ein großer Schelm war und gerade deshalb ein frommes Bild in Auftrag gab, ist in der Regel gleichgültig.

Jacob Burckhardt befreit sich von solchen Vorurteilen. Und was der denkende Betrachter von Kunstwerken erfahren hat, das kommt auch dem Historiker zugute: »Aus Welt, Zeit und Natur sammeln Kunst und Poesie allgültige, allverständliche Bilder, die das einzig irdisch Bleibende sind, eine zweite, ideale Schöpfung, der bestimmten einzelnen Zeitlichkeit enthoben, irdisch-unsterblich, eine Sprache für alle Nationen. Ein größter Exponent der betreffenden Zeitalter, so gut wie die Philosophie.« Was im *Cicerone* zum verstehenden Genuß erläutert worden war, dient jetzt als historische Quelle. Dabei erfährt der Leser aber zu seiner Verwunderung – und mancher auch zu nicht geringer Enttäuschung –, daß Burckhardt gerade über das, wovon er am meisten versteht, in diesem Buche nicht redet: über die bildende Kunst.

Das hat seine Ursache darin, daß ursprünglich ein zweiter, umfassend und ausschließlich der Kunst gewidmeter Band geplant war, für den der Aufbau und die Exzerpte auch fertig vorlagen. Unter der Belastung des Lehramtes und aus Unlust, mit Büchern an die Öffentlichkeit zu treten, hat Burckhardt dieses Werk nicht ausgeführt. Er ließ sich dazu bereden, die eine Hälfte, »Architektur« und »Dekoration«, für eine vielbändige Geschichte der Architektur zu publizieren. Aber im Rohbau sozusagen. Und dieser Zustand ist aufschlußreich auch für die Folge der Arbeitsgänge, in denen die *Kultur der Renaissance in Italien* ausgearbeitet wurde. Das Exzerpieren der wichtigen gedruckten Quellen und die Anschauung bilden das Material, das nach sachlichen Gesichtspunkten gegliedert ist und knapp erläutert wird. Dieser Paragraphenstil ist »nicht zum Lesen«. Die schriftstellerische Arbeit müßte die Notizen des Entwurfs und die Exzerpte zu einem Text verbinden.

Als der Architekturhistoriker Wilhelm Lübke ihn drängte, den Band über die Architektur in diesem Sammelwerk zu übernehmen, gab er zögernd nach und überließ dem Freund, der das Werk Kuglers weiterführte, sein Material zur Publikation. Dabei hatte er zunächst gedacht, Lübke würde aus den Notizen einen Text schreiben. Der fand aber die Knappheit der Notizen und Exzerpte ausgezeichnet, besorgte Abbildungen, die damals nach Zeichnungen und auch schon nach Photographien in Holzblöcke gestochen wurden, und gab das Ganze zum Druck. Jacob Burckhardt war erst etwas fassungslos, gewöhnte sich dann aber an die Vorstellung, daß diese Form für ein Handbuch gar nicht so unpassend ist, und wir besitzen auf diese Weise ein Dokument aus der Werkstatt des Historikers. Es ist unter dem Titel *Die Kunst der Renaissance in Italien* mit den

»Leitsätzen« zu Skulptur und Malerei von Heinrich Wölfflin im 6. Band der Gesamtausgabe (1932) und kommentiert in der von mir herausgegebenen Ausgabe der *Kultur der Renaissance in Italien* (1989, im Taschenbuch 1997) erschienen.

Was tut Burckhardt nun aber wirklich in diesem Buch? Wir hatten uns die Unterscheidung des historischen Materials in Ereignisse und Zustände vor Augen geführt, nach jener alten Trennung in »Weltgeschichte« und »Geschichte der Menscheit«. Das sind methodische Trennungen, die den Gesichtspunkt des Betrachters definieren und nicht die Sachen. Burckhardt betrachtet eine weltgeschichtliche Epoche unter dem Blickwinkel der Geschichte der Menschheit. In einer einzigartigen geschichtlichen Situation wie der Renaissance in Italien sucht er das »in uns Anklingende« und eben deshalb für uns Verständliche. Und wenn er diese Betrachtung »gewissermaßen pathologisch« nennt, so deshalb, weil er wie ein guter Arzt das einzigartige Individuum, das er vor sich hat, völlig ernst nimmt und doch auf Symptome des Konstanten und Typischen hin untersuchen muß.

Das Thema ist die Geschichte der Menschheit im 14. und 15. Jahrhundert in Italien, weil sich nie zuvor Menschen derart individuell wie in diesen kleinen Stadtstaaten ausgeprägt und künstlerisch zum Ausdruck gebracht haben. Nirgendwo gibt es eine solche Fülle von Persönlichkeiten und Werken wie im oberen und mittleren Italien dieser Zeit, und selbst der erhaltene Kunstbestand ist der dichteste auf dieser Erde. Die politischen Herrschaften sind versunken, die Vermögen der Großkaufleute zerronnen, von den Banken haben viele schon damals bankrott gemacht und die einst mächtige Kirche ist eine bescheidene Amtskirche geworden. Was aber seit Dante und Giotto und den Pisanen, seit Brunellesco, Masaccio und Ghiberti Künstler geschaffen haben, das ist geblieben.

Das 19. Jahrhundert war ein Jahrhundert naiven Fortschrittglaubens. Man war überzeugt, es weit gebracht zu haben. Die technischen Erfindungen wiegten die Menschen in der täuschenden Illusion, die Gewalten der Natur und womöglich auch die Leidenschaften der Menschen zu bezwingen. Wer sensibler und scharfsichtiger war, mußte das als abgründige Dummheit durchschauen. Deshalb sind die bedeutendsten Stimmen des 19. Jahrhunderts nicht repräsentativ für die Mehrheit; sie sind fortschrittsskeptisch, Baudelaire zum Beispiel oder Flaubert in der Generation Burckhardts. Der hegt ein tiefes Mißtrauen vor der Veräußerlichung, der bloßen Beschleunigung der Weg- oder der Bauzeiten, die nichts zur Reife kommen läßt und gegen alle Dauer und das noch bei der Ruine würdige Material Ersatzstoffe einführt. Eine Zeit, die für das Wesentliche kein Geld hat und doch schon damals begann, ihre Nachkommen tief zu verschulden.

Ein Beispiel nur von denen, die Burckhardt öfter anführt. Als er schon mit den Gedanken in Italien ist, schreibt er dem befreundeten Dichter Paul Heyse: »Denke, vom Lago maggiore aus kann man binnen drei Tagen in Rom sein. Freilich wer klüger ist, nimmt einen Monat dazu und noch besser zwei.« (13. 8. 1852) Und ähnlich, nicht im offenen Angriff, sondern im Vertrauen auf das, was bleiben wird, nähert Burckhardt sich auch der Renaissance. Das Moderne an ihr ist nicht das Geschäftsgebaren der Manufakturisten, Fernhandelsleute und Bankiers, so erstaunlich das ist und so wesentlich für Formen kaufmännischer Vertrauensbildung, bargeldlosen Verkehrs oder der frühen Verantwortlichkeit und Weltkenntnis, welche die noch jungen Söhne der Florentiner Patrizierfamilien in den Niederlassungen im Norden, in Flandern oder in London, sich erwarben.

»Renaissance« ist ein Stilbegriff. Er hat seine Evidenz zunächst in der Architektur und Dekoration und bezeichnet da schon früh eine bewußte Wendung gegen den kunstvollen Stil des 13. Jahrhunderts, den man polemisch den gotischen Barbaren zuschreibt und deshalb »Gotik« nennt. Dieser flämisch-französische Stil war auch nach Italien gekommen in einer Zeit, als die literarische Kultur französisch war. Paolo und Francesca von Rimini, die Dante im fünften Gesang des Inferno über ihren Schmerz und ihr Verschulden befragt, hatten den verführerischen Roman *Lancelot du Lac* auf französisch gelesen, und Dantes Lehrer Brunetto Latini schrieb französisch seine kleine Enzyklopädie *Li livres dou tresor*, die dann erst ins Italienische übersetzt wurde. Die italienische Stilentwicklung sucht sich andere Formen, entwickelt eine eigene Sprache dabei und bezieht sich nur vage auf Reste des Altertums.

Als Stilbegriff wurde »Renaissance« auf andere Bereiche der Künste und des Lebens übertragen. Die Literatur ist in Themen oder

Motiven der bildenden Kunst immer ein Stück voraus, aber der Begriff »Renaissance« geht vom Sichtbaren aus und bestätigt sich in der literarischen Bildung und Kultur der Humanisten. Es ist also zunächst eine Strömung, eine Bewegung, die von einzelnen aus viele erfaßt und bald ein Lebensgefühl ausspricht, für das man aber noch lange nicht ein passendes Wort besitzt. Daher die unendlichen Auseinandersetzungen um die Berechtigung des Begriffs und seine Unterscheidung vom Mittelalter im ganzen, vom gotischen Stil in den bildenden Künsten, von einer scholastischen Gelehrsamkeit und Darstellungsweise des Wissens und gar von einer Politik oder Religion der Renaissance.

Der Baustil setzte sich durch und knüpfte an romanische Formen oder solche der »Proto-Renaissance« an, in der Skulptur und Malerei gibt es nach einer ersten Renaissance bei Nicola Pisano und Giotto eine Regotisierung bei Giovanni Pisano und bei Simone Martini, den etwa Petrarca besonders schätzte, ohne deshalb seinen Humanismus und ciceronianischen Stil aufzugeben. Es war eine höchst lebendige Welt, die sich nicht abschloß und neben ihren Handelsbeziehungen und dem Stolz auf die Wiederentdeckung des in Italien ja sozusagen »bodenständigen« Altertums voller Bewunderung auf die Werke der flämischen Maler schaute, um von der Mode der Spitzschuhe und Hauben, mit welchen auf einmal Gestalten der antiken Mythologie dargestellt wurden, bevor man sich im antiken Stil oder einer künstlerisch zu erfindenden Zeitlosigkeit gefestigt hatte, ganz zu schweigen.

Man las die antike Mythologie mit offenen Augen und mit größerer Sympathie als im Mittelalter, aber der Unterricht blieb christlich. Man las und schätzte Platon, und man las ihn mit seinen spätantiken Kommentatoren, aber an den Universitäten herrschte nach wie vor Aristoteles, und erst langsam bildete sich die Aufgabe heraus, die Lehren der beiden gegensätzlichen Philosophen zu versöhnen. Die Kritik an der weltlichen Herrschaft der Kirche und an der Käuflichkeit der Ämter konnte nicht heftiger werden, als sie es bei Dante schon war. Im Alltagsleben und in den Novellen, die ein Indikator für die Veränderung der Mentalität sind, werden der Spott und die Kritik herber, aber die Institutionen werden dadurch noch lange nicht schwächer. Kluge Päpste verbinden sich die Humanisten, die immer schon als Sekretäre der Kurie arbeiten, ebenso wie die Künstler durch die Gründung von Bibliotheken, Kunstsammlungen und durch groß geplante Aufträge.

Gegenüber einer allgemeinen Epochenbezeichnung wie »Altertum« oder »Mittelalter«, die ausschließlich und umfassend ein Zeitalter benennen, ohne daß doch einer der Zeitgenossen sich selbst als altertümlich oder mittelalterlich hätte empfinden können – sie waren jeweils höchst »modern« und mit den neuesten Problemen ihrer Zeit beschäftigt –, ist »Renaissance« ebenso wie »Aufklärung« ein qualitativer oder eben Stilbegriff. Es ist ein Stil des Handelns, Lebens und Denkens, der in kleinen Gruppen entwickelt wird, der die Stadtstaaten prägt und sie in Konkurrenz einander überbieten läßt.

Renaissance entsteht und bildet sich fort in Energiezentren, wie Florenz schon um 1300 eines war. Papst Bonifaz VIII. nannte die Florentiner im Scherz damals das fünfte Element, weil sie überall zu finden und tätiger als andere waren. Giovanni Villani war in diesem heiligen Jahr nach Rom gepilgert und mit dem Entschluß zurückgekehrt, die Chronik seiner Stadt Florenz zu schreiben. »In Erwägung, daß unsere Stadt Florenz, die Tochter und eine Gründung Roms, aufstieg und zur Ausführung großer Dinge bereit war, während Rom absank, scheint es mir angemessen, in diesen Band und diese neue Chronik alle Taten und Begebenheiten der Stadt Florenz einzutragen, sofern es mir möglich ist, sie zu sammeln und aufzufinden und damit bis auf die Gegenwart fortzufahren, die Taten der Florentiner und die übrige Geschichte der Welt kurzgefaßt, so lange es Gott gefällt, auf welchen hoffend und mit dessen Gnade ich dies mehr als mit meiner schwachen Wissenschaft unternommen habe; und so begann ich, im Jahre 1300 aus Rom zurückgekehrt, dieses Buch zu schreiben.« (G. Villani, VIII, 36)

Bei Gelegenheit einer, für unsere Begriffe eher »mittelalterlichen«, Pilgerreise entsteht eine moderne Erkenntnis, der Aufstieg von Florenz bei gleichzeitigem Sinken Roms, und daraus eine moderne Aufgabe aus historischer Verantwortung, die aber mit kaufmännischer Umsicht und Toleranz durchgeführt wird. Villani ist reich an finanziellen Fakten und Beobachtungen und neugierig auf Wundergeschichten. Seine rein humanistischen Nachfolger, Sekretäre der Republik wie Leonardo Bruni, werden lateinisch schreiben und ihrer antiken Vorbilder wegen weniger konkret sein. Giovanni Villani (1276–1348) gehört noch zur Generation von Dante und Giotto und wird bei der großen Pest sterben, worauf sein Bruder Matteo die Chronik fortsetzt und neben genauesten Beobachtungen des Krankheitsverlaufs auch die Meinungen über den Kometen anführt, der die Epidemie bewirkt haben soll.

Auf das Jahr 1300, mit dem Giovanni Villani seine Niederschrift beginnt, setzt auch Dante das Ereignis seiner geistigen Reise durch Hölle, Läuterungsberg und Paradies. Dante schreibt als Verbannter aus dieser geliebten und gehaßten Stadt, die er ihrer fortwährenden Verfassungsänderungen wegen verhöhnt, nach der er sich sehnt und die er verflucht. Die Bevölkerung der Stadt hatte sich von 30 000 zu Beginn des 13. Jahrhunderts – das war im Mittelalter die obere Grenze, die etwa Köln erreicht hatte – bis zur Zeit von Dantes Geburt (1265) gut verdoppelt und einige Jahre nach seinem Tode verdreifacht. Von diesen 90 000 Einwohnern blieben nach der großen Pest von 1348 kaum noch 50 000. Diese Stadt, die sich selbst in Parteikämpfen zerfleischte, strahlte Kultur aus, künstlerische Neuerungen, den Geist der Forschung und des Wettbewerbs. Sie bildete aus den Werkstätten der Goldschmiede, in denen auch gezeichnet, gemalt, skulptiert und Bauentwürfe geschaffen wurden, regelrechte Akademien des wissenschaftlichen Geistes, der sich mit der Raum- und Luftperspektive und der Anatomie auch die Malerei eroberte.

Prinzipienstreit darüber, ob es ein festes Datum für den Beginn der Renaissance gebe und ob nicht Dante noch dem Mittelalter zuzurechnen sei, erweist sich als unsinnig angesichts der gewaltigen Wirkung, die er auf die folgenden Jahrhunderte ausübt. Die gesamte italienische Poesie der Folgezeit kann sich nicht mit Dante messen und hat wenig mit seinem Werk zu tun, aber darum lastet seine Gegenwart nicht geringer auf ihr. Und es ist richtig, wie Burckhardt es tut, bei jedem einzelnen Thema und Sachgebiet zunächst zu fragen, wie Dante dazu steht und es behandelt. Von Giovanni Pisano sagte der Bildhauer Henry Moore aus seiner praktischen Erfahrung, man erkenne dessen Werke aus allen anderen, weil er die ganze Gestalt so behandelt habe wie andere nur das Gesicht. Erich Auerbach hat in seinem unersetzten Buch *Dante als Dichter der irdischen Welt* (1929) die ausschließliche Zuordnung auf scholastische Philosophie und mittelalterliche Theologie aufgebrochen durch das Herausarbeiten der Welterfahrung und der aktuellen politischen Stellungnahmen des Dichters.

Masaccio ist weiter als Giotto. In der bildenden Kunst gibt es ein Fortschreiten in der Darstellung der menschlichen Gestalt. Petrarca ist nicht weiter als Dante, auch Ariost nicht. Die Intensität und die Bewußtheit seines Dichtens sind nicht überbietbar, und Burckhardt sieht in der *Vita nuova* schon den »Markstein zwischen Mittelalter und neuer Zeit. Geist und Seele tun hier plötzlich einen gewaltigen Schritt zur Erkenntnis ihres geheimsten Lebens.« (*Kultur*, S. 309) Den unermeßlichen Reichtum der *Commedia* auszuschöpfen würde den Rahmen seines Buches sprengen, aber er greift sich aus den verschiedensten Lebensbereichen Beispiele heraus und überläßt das übrige der Dante-Lektüre des gebildeten Europäers.

Bei aller Farbenpracht und Menge der Charakterköpfe im Mittelalter hat doch eine Richtungsänderung in der Grundorientierung stattgefunden. Nicht mehr, wie Augustinus es definierte, die eigene Seele und Gott zu erkennen in diesem vorläufigen Dasein, das nur auf ein anderes hin einen Sinn ergibt, ist das Ziel des geistigen Strebens. »Die Entdeckung der Welt und des Menschen« ist nicht nur ein Programm, sie ist die Voraussetzung dafür, die neue Orientierung selbst. Und sie wird durch mächtige religiöse Bewegungen oder durch individuelle Hinwendung zur Transzendenz nicht im mindesten eingeschränkt. So wie es Weltlichkeit im Mittelalter gab, zunächst »noch« heidnisch-vorchristliche und dann unchristliche innerhalb gerade auch religiöser Institutionen, so gibt es »mittelalterliche« erneuerte Religiosität in der Reformation und im katholischen Barock. Geistige Bewegungen lassen sich nicht glatt verrechnen. Die Menschen beenden nicht mit einem Jahrhundert ihre Denkweise und revidieren die Maximen ihres Handelns.

Wenn wir von »Renaissance« sprechen, so meinen wir Stilzüge, die sich bei allem Widerspruch des Lebens und der Meinungen zueinander gruppieren lassen. Sie gewinnen einen neuen Sinn, die Werke sehen anders aus, die Menschen schauen die Welt anders an und widmen sich neuen Zielen. Burckhardts Leistung bestand darin, einander ergänzende Stilzüge aufzuspüren und zu einem Zusammenhang zu ordnen. Dadurch ersteht das Bild einer Kultur, deren Physiognomie räumlich und in der zeitlichen Ausdehnung sich begrenzt, obwohl weite Wirkungen von ihr ausgingen. Was in Italien im 15. Jahrhundert geschieht, kann man mit früherem und späterem Geschehen vergleichen, man kann es mit anderen Zügen aus dem gleichzeitigen französischen oder niederländischen Spätmittelalter in Beziehung setzen, man kann jenes oder diese für einen Anfang oder ein Ende von irgend etwas halten. Aber man kann nicht bestreiten, daß Burckhardts Bild einer Epoche das Leben schenkt und Menschen anzieht, die darin etwas von sich selbst erblicken: die gemeinsame Jugend des modernen Europäers.

# *Die Werkstatt des Historikers*

Wie hat Jacob Burckhardt das geschafft, in der Gattung Kulturgeschichte ein abschließendes Werk zu schreiben und eine Epoche zur Anschauung zu bringen, die es vorher eigentlich gar nicht gegeben hat? Länger schon teilten die Historiker den Stoff ein in verschiedene Zeitalter, die man schlicht durch die zeitliche Beziehung zum Betrachter definierte. Alt und neu, und langsam rückte, da die Überlieferung immer länger wurde und die neue Zeit sich anders auf die alte zu beziehen anfing, eine »mittlere Zeit« dazwischen. Diese Unterscheidung trafen Humanisten, das heißt zunächst einmal Menschen, die die lateinischen Quellen der Antike mit Bewunderung und die des Mittelalters in ihrem Mönchs- und Küchenlatein mit Befremden lasen. Der Fall Roms, der Untergang der antiken Welt, das Eindringen neuer Völker in das Gebiet des römischen Reiches zeichnete sich als eine fast natürliche Zäsur ab. Die neue Zeit datierten manche vom Fall Konstantinopels 1453 oder von der Entdeckung Amerikas 1492 oder anderen umwälzenden Ereignissen ungefähr um die Wende vom 15. zum 16. Jahrhundert. Für die Historiker und ihre Quellen war die Erfindung des Buchdrucks eine Scheidelinie. Die »dunklen« Jahrhunderte in gar nicht klassischer Latinität von etwa 500 bis etwa 1500 gruppierten sich durch negative Merkmale zusammen und bildeten in dem Maße das »Mittelalter«, als man den sprachlichen und künstlerischen Stil der neuen Zeit zur Norm erhob und auf das klassische Altertum bezog, das nach den »finsteren« 1000 Jahren wiedererweckt oder wiederbelebt werden sollte.

Je nach der Text- oder Kunstgattung und den verschiedenen Ländern ergaben sich verschiedene Daten für den Wiederbeginn. Gern bezog man sich schon auf Dante und Petrarca als Vorkämpfer der neuen Zeit, ohne doch von daher gleich ein Zeitalter datieren zu wollen. Fragt man nach den Quellen, die Burckhardt benutzt hat, so ist die meistzitierte ein Sammelwerk von Städtechroniken und Lebensbeschreibungen, worin das Wort Renaissance überhaupt nicht vorkommt. Ein gelehrter Bibliothekar, den Leibniz noch besucht hatte, sammelte für sein Werk über die Geschichte Italiens in den »dunklen« Jahrhunderten die handschriftlichen Quellen. Es war Lodovico Antonio Muratori (1672–1750) in Modena, der mit Gleichgesinnten zur Veröffentlichung dieser verstreuten und seltenen Manuskripte eine Gesellschaft gründete, die »Societas Palatina«. Man legte zusammen für ein Kapital, richtete eine Druckerei ein und begann in stetiger Folge die schön gedruckten Foliobände herauszugeben, die heute noch der Stolz jeder wissenschaftlichen Bibliothek sind. Erst hundert Jahre später setzte sich der Freiherr vom Stein mit der Gründung der *Monumenta Germaniae historica* für eine deutsche Nachahmung ein. Da es nicht klassische Autoren, sondern mittelalterliche und humanistische Schriftsteller sind, nannte Muratori sein Werk ganz bescheiden *Rerum Italicarum Scriptores* und brachte in den Jahren von 1723 bis 1738 die 27 umfangreichen Bände heraus. Für Burckhardt waren die Bände 20 bis 25 die Quellen seiner Epoche.

Was man nicht eindeutig definieren kann, nennen Historiker gern eine Zeit des Übergangs. Während sich in der Kunstgeschichte für den »modernen« Stil, der sich doch wieder auf den antiken bezog, im Gegensatz zur Gotik, langsam die Bezeichnung »Renaissance« durchsetzte, war das für die Poesie und Philosophie, für die Wissenschaften und das Alltagsleben völlig unerhört. Da waren das 14. und das 15. Jahrhundert eben entweder noch das Ende des Mittelalters oder schon, aber nur in einzelnen Zügen oder Personen, der Beginn der neuen Zeit. Muratori rettete gerade diejenigen Quellen, die nicht ihres schönen Stils wegen früh gedruckt worden waren. Natürlich sind die anderen Quellen, die Dichter, die Geschichtsschreiber von Florenz, von Mailand oder Venedig, die Biographien von Fürsten oder berühmten Menschen, nicht weniger wichtige Quellen. Und eine ganz besonders.

Es sind nicht die berühmtesten Autoren, die für eine Kulturgeschichte notwendig die wichtigsten sind. Der entscheidende Gedanke, daß man über die Renaissance eine Kulturgeschichte schreiben kann, kam Burckhardt im Herbst 1847, als er mit dem Plan einer ganzen Folge kulturgeschichtlicher Darstellungen schwanger ging. Da lieh er sich für einen Tag, wie er später schreibt, die *Lebensbeschreibungen berühmter Männer (Vite di uomini illustri)* von Vespasiano da Bisticci, dem »Vespasiano Fiorentino« (1421–1498) aus, der als Handschriftenagent ganze Bibliotheken für Fürsten, Bankiers, Päpste und Prälaten besorgt hatte und aus der vertrauten Kenntnis seiner berühmten Kunden einen Band mit 103 Lebensbeschreibungen verfaßte. Hier war die Quelle, aus der man die mittlere Linie einer allgemeinen und verbreiteten literarischen Kultur ablesen konnte. Hier finden sich Aussagen über Lebensgewohnheiten, Sparsamkeit und Großzügigkeit individueller Personen, worüber die typisierenden Novellen zum Beispiel keine Auskunft geben. Das Manuskript war erst 1838 von dem Kardinal Angelo Mai als erster Band des *Spicilegium Romanum* veröffentlicht worden und liegt endlich auch wieder in einer deutschen Ausgabe vor.

Ein anderes Werk von hoher kulturgeschichtlicher Bedeutung ist die damals unter falschem Namen laufende Schrift des Architekten Leon Battista Alberti (1404–1472) *Vom Hauswesen (Della famiglia)*, die zwar ein ideales Bild vom bürgerlichen Familienleben, Hausstand und Landbesitz entwirft, aber dabei die Ethik des Hauses und der Familie mit einer sonst nicht zu findenden Vollständigkeit und hohen Auffassung darstellt. Eine merkwürdige Quelle zur Gefährdung der individuellen Existenz und zum »Sturz der Humanisten« in den ersten Regungen der Gegenreformation ist das nach der Verwüstung Roms 1527 geschriebene Werk des sonst als Emblematikers berühmten Ian-Pierio Valeriano (1477–1558) *De infelicitate literatorum*, eine »tragische Literaturgeschichte« des 16. Jahrhunderts. Der Autor stellt sich die Frage, ob die Literaten und Humanisten wirklich unglücklicher im Leben sind als andere Berufsstände, ob sie das Unglück auf sich ziehen oder ob sie lediglich bekannter sind und ihren Klagen mehr Gehör verschaffen als andere. Er beschreibt voll Mitgefühl besondere und auch alltägliche Schicksale in Form eines Dialogs und setzt auch das Gegenbeispiel eines unter nicht empfundenen Entbehrungen langen und glücklichen Lebens dagegen.

Wie ging Burckhardts Arbeit praktisch vor sich? Zur Konzeption der sechs Kapitel, die zwischen Staat und Religion die Kultur entfalten, gehörte die Unterteilung in etwa fünfzig Gesichtspunkte, die auch im Inhaltsverzeichnis hervorgehoben sind und jeweils durch eine Anzahl von Paragraphen ausgeführt werden. In der Zeit als Dozent in Zürich holte er sich Band für Band aus der Bibliothek, die Bände des Muratori und des *Archivio storico italiano*, die Dichter und Biographen, politische Korrespondenzen und Vasaris Lebensbeschreibungen der Künstler und las das alles mit der Feder in der Hand. Was ihm bezeichnend für seine Fragen erschien, schrieb er lesbar und sauber auf schönes glattes Schreibpapier, schnitt später die einzelnen Zitate auseinander und ordnete sie der Zeitfolge nach in Umschläge mit der Aufschrift »nach Sachen« entsprechend den Unterteilungen der Kapitel.

Bücher wie die *Kultur der Renaissance in Italien* entstehen nicht mit eilig aufgerafften Zitaten zum vermeintlichen Beweis einer These. Diese selbstverständliche Voraussetzung aller wissenschaftlichen Arbeit scheint heute am meisten Verwunderung zu erregen. Daß einer das, was er deuten will, auch zur Kenntnis nimmt. Daß er liest, neugierig und aufmerksam, was jeder andere auch lesen könnte. Denn Burckhardt hat das höchst demokratische Prinzip befolgt, nur das zu benutzen, was jedermann zugänglich ist. Geschichte der Politik und Diplomatie, die mit verdeckten Karten spielt, bedarf der Archive, des unveröffentlichten und möglichst bislang »geheimen« Materials. Die Kultur dagegen liegt offen zutage, man muß sie nur zu finden wissen. Wenn Petrarca die Besteigung des Mont Ventoux beschreibt, so ist nicht die Frage, ob er das, wie er selbst behauptet, am Tage der Strapaze selbst noch tut oder ob er bei seinem symbolischen Bericht stets der Wahrheit folgt. Entscheidend ist, daß er die Entdeckung der Landschaft vollzieht, noch mit der mittelalterlichen Sorge, es könne die Sünde der Curiositas sein, als Bergsteiger.

Die Gedichte des Lorenzo de Medici sind nicht müßige Übungen eines Bankiers, sondern ein kostbares Zeugnis für die geistige Kultur in einem sehr lockeren, höfischen, aber nicht formellen Umkreis, worin man zu ahnen begann, daß die künstlerischen und geistigen Hervorbringungen dauerhafter und wertvoller sind als die Bankgeschäfte. Ein Autor stellt außer der Sache auch sich selbst durch seinen Stil dar. So wurde Enea Silvio Piccolomini, als Papst Pius II., mit seinem in schönem und klarem Latein verfaßten Lebensbericht, den *Commentarii,* zu einem Liebling Burckhardts. Und andere nehmen eine repräsentative Rolle an, für die Vielseitigkeit der Künstler steht Leon Battista Alberti, für ihre Abenteuerlust und Ruhmsucht Benvenuto Cellini, für die autobiographische Wahrnehmung der Arzt und Magier Girolamo Cardano und für die weise Lebenskunst Luigi Cornaro.

Bei den Historikern schreitet Burckhardt in der Zeitfolge von den Chronisten zu den humanistischen Ruhmrednern und weiter zu den analysierenden großen Florentiner Geschichtsschreibern voran. Dabei mag es verwundern, daß er ihre erstaunliche Folge und den Geist knapp charakterisiert, sie aber nicht als Gattung darstellt. In der Geschichte der Historiographie ist die Florentiner Geschichtsschreibung unter der Erfahrung des französischen Überfalls, dem sich Italien widerstandslos unterwarf, und der Vertreibung der Medici (1494), des Abenteuers mit Savonarola und einer Republik einzigartig. Tiefgründige Analyse und staatsmännische Reflexion heben die Werke von Machiavelli, Guicciardini und Vettori auf ein Niveau, das sie nur mit Thukydides vergleichen läßt. Andere Historiker, die Burckhardt in einer Reihe mit ihnen nennt, fallen weit dagegen ab. Das Verfassungsexperiment hat in Florenz bei dem raschen Wechsel aller möglichen Herrschaftsformen in wenigen Jahren eine Dichte und Höhe der Reflexion in den Kreisen erreicht, die sich in den Gärten der Rucellai (»Orti oricellari«) versammelten, die nur mit dem gleichzeitigen Reifen des künstlerischen Stils ebendort bei Leonardo, Michelangelo und Raffael verglichen werden kann.

Da scheint Burckhardt sich etwas entgehen zu lassen. Aber er steht zu der einmal gewählten Aufgabe. Er hat nicht Werke zu analysieren, sondern die allgemeine kulturelle Atmosphäre und den Zusammenhang von geschichtlicher Erfahrung und Historiographie. Die naiven und etwa in der immer noch unersetzten *Geschichte der neueren Historiographie* (1911 u. ö.) von Eduard Fueter heftig getadelten Chronisten und Historiker können als kulturgeschichtliche Quelle von großer Bedeutung sein. Sie teilen oft mit, wie »man« über das sprach und dachte, was sonst nicht von Autoren überliefert wird. Generell faßt Burckhardt sich sehr kurz bei allen wissenschaftlichen Disziplinen, und so wie er über die bildende Kunst, von der er nun wirklich sehr viel wußte, nur andeutend spricht, sofern sie eben die Kultur der Epoche prägt, so zurückhaltend ist er auch bei seinem eigenen Fach. Eine Analyse der spezifischen Erkenntnis der von ihm gelesenen Historiker gibt er auch nicht in den *Weltgeschichtlichen Betrachtungen.*

Da zeigt sich ein Paradox der Kulturgeschichte. Es gibt fast nichts, was nicht Material für eine Kulturgeschichte werden könnte, aber die Kulturgeschichte behandelt es nicht als eigene Gattung, als Disziplin mit ihrem eigenen Recht. Sonst würde sie sich ins Unendliche zerfasern. Und die Leistung, auf die Burckhardt bei allem gelegentlichen Zweifel stolz war, ist neben der Lesbarkeit die Knappheit. Die benimmt aber manchmal dem Leser geradezu den Atem, weil Burckhardt bei seiner Darstellung nach Sachgebieten jeden ausgegrenzten Aspekt in zeitlicher Ordnung behandelt, also oft auf ein bis zwei Seiten durch das ganze Register zweier Jahrhunderte hindurchjagt. Bei wichtigen und umfangreicheren Abschnitten faßt er unter einer Überschrift ein einziges Jahrhundert zusammen und widmet sich dann dem nächsten, was auch der Gliederung der künstlerischen Werke im *Cicerone* entspricht. Das vierzehnte und das fünfzehnte Jahrhundert bilden in einigen Bereichen je eine gewisse stilistische Einheit, die ungefähr mit der Jahrhundertgrenze abschließt. Die kurze Phase der Hochrenaissance und zugleich das politische Experimentieren beginnen kurz vor dem Wechsel zum 16. Jahrhundert. Und das wird sich als alles andere denn als einheitlich erweisen.

Das Exzerpieren der Quellen erfolgt unmittelbar nach dem Umgang mit der Kunst und ihrer Darstellung im *Cicerone* (1855). Eine feste Besoldung an der Eidgenössischen Technischen Hochschule in Zürich läßt ihn seine Muße nutzen und ab Herbst 1855 Band für Band der Quellenschriften durchgehen. Es fällt auf, wie wenig Briefe Burckhardt während der Arbeit an der *Kultur der Renaissance* überhaupt geschrieben hat: »Unser Einer kann ... in köstlicher Stille seinen Kohl pflanzen, z. B.: Renaissancestudien treiben, welche schon ein ganzes Fach Exzerpte füllen. Ach wenn es doch noch eine Reihe von Jahren so fortginge, ohne Störung und mit guter Gesundheit! Ich begehre es nicht mehr besser.«

Im Sommer schreibt er an Kugler – es sollte sein letzter Brief an ihn vor dessen frühem Tode sein –, in Gedanken schon wieder auf einer Reise in Italien: »Im Übrigen habe ich selbst bei dieser gräulichen Hitze weiter gearbeitet wie ein Pferd und habe das Gefühl daß ich arbeiten werde so lange irgend die Kräfte aushalten, indem die Sache immer interessanter wird; auch freue ich mich sehr auf das Ausarbeiten im nächsten Jahr – aber auf das Druckenlassen freue ich mich gar nicht mehr.« Dann kam der Ruf nach Basel, nun auf ein Ordinariat für Geschichte, das »historische Amt«, wie Burckhardt es nennt. Im April schreibt er dem Freund Paul Heyse, der inzwischen Nachlaßverwalter Kuglers geworden ist, zunächst: »Vielleicht muß ich meine eigene Arbeit, für die ich 2 Jahre gesammelt habe, auf lange Zeit aufschieben.« (3. 4. 1858) Und schon ein paar Tage später: »Ich habe meiner neuen hiesigen Stellung bereits ein Opfer gebracht: mein Werk über die Renaissance bleibt ungeschrieben oder es schrumpft doch zu ein paar Aufsätzen zusammen. Die Sammlungen haben mich 2 Jahre hindurch beschäftigt und mich mit den schönsten Illusionen erfüllt, welche nun dahin sind. Nicht als ob die Welt dabei viel verlöre.« (9. 4. 1858)

Das ist eine Stimmung im Augenblick der Umorientierung von einem bequemeren kunsthistorischen Unterricht in Zürich auf die Wahrnehmung des Ordinariats für Geschichte in Basel. Ganz andere Quellenmassen und Lehrverpflichtungen sieht er da vor sich auftauchen, und daneben will er den liebenswürdigen Paul Heyse davon überzeugen, daß man die umfassend entworfenen Handbücher Franz Kuglers nicht einfach so ohne große Bibliothek und ungeheuren Arbeitsaufwand anständig zu Ende bringen könne. Auch läßt die einmal begonnene Sache, die für ihn eine Notwendigkeit darstellt, ihn nicht in Ruhe. Die Frage ist jetzt, ob man die Kulturgeschichte zusammen mit der Kunstgeschichte in ein großes Werk bringen könne. Daneben hat Burckhardt sich doch bereit gefunden, die von Kugler hinterlassenen Handbücher wenigstens durchzusehen und teilweise zu ergänzen. Sonst hält er strengste Disziplin: »Nur unter solchen Bedingungen kann ich hoffen, während des Winters meine Arbeit als ›Renaissance-Fragmente‹ nach einem sehr reducierten Plan ausführen zu können. Es ist eine jener Aufgaben, die eigentlich nur von Capitalisten mit gänzlich freier

Zeit gelöst werden können. Aber die tun so was nicht. Aus Gründen. Gestern habe ich z.B.: 700 kleine Zettel nur mit Zitaten aus Vasari, die ich in ein Buch zusammengeschrieben hatte, auseinander geschnitten und sortiert zum neuen Aufkleben nach Sachen. Aus anderen Autoren habe ich noch etwa 1000 Quartseiten Exzerpte über die Kunst und 2000 über die Kultur. Wie viel von all diesem werde ich wohl wirklich verarbeiten?« (14. 8. 1858)

Zu dieser Frage äußert sich Burckhardt nicht mehr in Briefen. Seine Korrespondenz schrumpft auf das Notwendigste zusammen, aber nach zwei Jahren kann er dem alten Freund Heinrich Schreiber mitteilen: »Meine Ferien, von welchen nun schon drei Fünfteile verlaufen sind, gehören der Ausfeilung und Korrektur meines Werkes an, wovon bereits 21 Bogen gedruckt sind und etwa 14 noch ausstehen. Die Sorge steigt, je mehr gedruckt, d.h. unwiderruflich herausgeschwatzt ist. Der Titel wird lauten: Die Kultur der Renaissance in Italien. – Sobald der Druck fertig sein wird, werde ich Ihnen ein Exemplar zusenden. Mein lieber alter Freund wird vielleicht über den Dilettantismus der Arbeit mit einigem Lächeln den Kopf schütteln, aber doch gewiß zugeben, daß Autor es an Mühe und Schweiß nicht hat fehlen lassen. Es ist eine durchaus wildgewachsene Pflanze, die sich an gar nichts schon vorhandenes anlehnt. *Einen* Lobspruch vernähme ich auch noch gern aus Ihrem Munde, daß nämlich Autor vielen Gelegenheiten, die Phantasie spazieren zu lassen, kräftiglich widerstanden und sich hübsch an die Quellenaussagen gehalten habe. Auch das ist, wie ich meine, zu loben, daß ich das Buch nicht dreimal so dick gemacht habe als es ist. Es wäre die leichteste Sache von der Welt gewesen und hätte mir vielleicht bei vielen Leuten mehr Respekt verschafft; ich hätte mich nur meiner natürlichen Gesprächigkeit zu überlassen brauchen, so wären es statt 35 Bogen deren 100 geworden.« (1. 8. 1860)

So ausführlich hat Burckhardt nie wieder über sein Buch geschrieben. Man merkt ihm die Freude nach schwerer Geburt doch einmal an. Es ist aber auch die einzige Nachricht über eine breitere Darstellungsform. Das weniger knapp gehaltene, bei gleichem Exzerptmaterial dreimal so umfangreiche Buch ist aber natürlich keineswegs das Buch, das neben der allgemeinen Kultur auch die bildenden Künste ausführlich darstellen würde. Die Leitsätze mit den Notizen sind für Architektur und Dekoration allein schon fast so umfangreich wie die *Kultur der Renaissance,* ohne den verbindenden Text und ohne die Teile Skulptur und Malerei. In einem früheren Stadium, als das Exzerpieren begann, hat Burckhardt ein Werk geplant, das die Kunst vollständig neben der allgemeinen Kultur umfaßt. Und von dem Umfang kann man sich eine Vorstellung anhand der dann doch noch im Alter ausgearbeiteten Teile machen, die als *Beiträge zur Kunstgeschichte Italiens* grundlegende Arbeiten über das Porträt, über das Altarbild und über den Sammler enthalten.

Das erste Freiexemplar kann er im September an Paul Heyse senden, mit der Widmung von Ovids *Fasten* an Germanicus, das er auch gleich erläuterte: »... ärgert Euch nicht, ihr Deutschen, wenn ich den Welschen einige Prioritäten vindicire die ihnen gehören. Ich bin noch ziemlich vorsichtig gewesen und habe Einiges weggelassen was geschrieben stand und Anderes in Baumwolle gehüllt, doch immer nur was den Ausdruck belangte, denn die Sachwahrheit habe ich weder verhüllt noch weggestrichen.« (16. 9. 1860) Ein paar Tage später verschickt er die Briefe mit weiteren Freiexemplaren. Nach der gewaltigen Anstrengung steht ihm das Buch schon ein wenig fremd gegenüber. Er schämt sich fast seiner Ruhmredigkeit und fürchtet den Vorwurf, »flüchtig und dilettantisch zu arbeiten«. Er legt es den Freunden mit dem Ausdruck ans Herz: »Es ist am Ende eben doch ein Schmerzenskind.« Als »Landplage« schmeichelt er es ein: »Ihr braucht's nicht zu lesen, wenigstens nicht ganz. Tadelt's nun, aber Eins müßt Ihr doch gelten lassen, daß ich mich nämlich nach Kräften einer gewissen Munterkeit beflissen und den baren Schlummer von den Augen meiner Leser fern zu halten gesucht habe.« Schließlich sagt er in einem weiteren Brief doch ein Wort über sein Verfahren und über die innere Notwendigkeit, die das Buch für ihn hat: »Es konstatiert auf wildgewachsene ungeschulte Weise eine Reihe von Phänomenen des modernen Geistes, welche wahrscheinlich von Andern schon entdeckt und besprochen worden sind, ohne daß ich es weiß. Nimm es gut auf und glaube, daß ich wenigstens einer innern Stimme zu gehorchen meinte, als ich es schrieb.«

Sofort ergreift er die Flucht, und da er sich vor Italien scheut, denn es könnte ihm überall etwas in die Quere kommen, was er in seinem Buch übersehen hat, reist er nach London und Paris, um Museen und Städte anzuschauen. Er fühlt sich erleichtert und richtet sein Sensorium wieder auf die unruhige Welt, die er mehrere Jahre fast ausgeblendet hatte. An Heyse schreibt er: »Im Übrigen wird die Welt jetzt sehr unterhaltend, sodaß man mein Buch vielleicht wenig lesen wird. Dies ist mir aber, nun es einmal lanciert ist, gleichgültig. Das Fertigmachen und Herausgeben hat eine solche dumpfe Mattigkeit bei mir hinterlassen, daß ich an das Schicksal des Buches gar nicht denke.« Als er zurückkehrt, findet er eine Gegengabe von Paul Heyse vor, das ihm gewidmete *Italienische Liederbuch,* das ihn nicht nur an Italien, sondern an die mit Kunst und Künstlern verbrachte Zeit im Hause Kuglers erinnert, wogegen sein jetziges Philisterleben arg absteche. Er fürchtet, »die wahre Signatur des italienischen Geistes« nicht getroffen zu haben:

»Mir ist, ich müßte jetzt viele Stellen meines Buches ausmerzen und umschreiben; ich muß blind gewesen sein um die ganz spezielle Verschmelzung von Geist und Leidenschaft nirgends in meinen bisherigen Studien *so* zu erkennen wie diese Liedersammlung sie handgreiflich offenbart. – Aber da schreibe einmal Einer Kulturgeschichte wenn man keinen Menschen um sich hat, der einen aufrüttelt und in die Ohren kneift. Ofionide (Luigi Picchioni, dem das Buch gewidmet ist) hat mir zwar unbewußt viel geholfen, weil er mir das Maß eines steinalten, kerngesunden, liebenswürdigen Lombarden von großen literarischen Kenntnissen gab, allein auf unsere filtrierten Gesichtspunkte ist er eben deshalb nicht eingeschult weil er naiv vor sich hin lebt. Was ich Gutes habe, das habe ich doch am ehesten von Kugler, der auch in den vielen Gebieten wo er nur Dilettant war, die Ahnung aller wesentlichen Interessen hatte und zu wecken verstand. Mein Gott wie genügsam und wie dünkelhaft sind selbst die meisten *großen* Spezialgelehrten im Vergleich mit ihm! Ein panoramatischer Blick wie der seinige war, würde sie freilich nur stören und ihnen ihre Sorte von Arbeit verleiden. (...) Billige Leute von einigem ›Grütz‹ werden vielleicht dafür zugeben, daß dieses Buch aus innerer Notwendigkeit geschrieben werden *mußte,* auch wenn die Welt keine Notiz davon nimmt.« (16. 11. 1860)

Zuerst nahm die Welt wirklich keine Notiz davon. Die *Kultur der Renaissance in Italien* war kein Erfolg, aber sie wurde langsam einer und erwies sich als *das* Buch über die Epoche, die es beschreibt. Es war durch kein anderes trotz aller neuen Forschung zu ersetzen. Und es bleibt eine Verwirklichung der Aufgabe, lebendig, mit Geist und Leidenschaft, Kulturgeschichte zu schreiben.

# *Der Mythos der Renaissance*

Ob es die Renaissance je gegeben hat, ist schwer zu sagen. Vor dem 19. Jahrhundert gab es die gleichen Schriften und Kunstwerke aus dem Italien des 14. und 15. Jahrhunderts, aber keine Renaissance. Sie mußte erfunden werden, um aus dem Ende des Mittelalters oder auch dem Beginn der neuen Zeit eine eigene Epoche mit unverwechselbarer Physiognomie und mit einem Programm zu machen.

Jacob Burckhardt spricht von innerer Notwendigkeit, die ihn bewegte, dieses Buch zu schreiben. Jules Michelet, der unter dem Titel »Renaissance« das 16. Jahrhundert in Frankreich dargestellt hatte, wie es aus italienischen Einflüssen zwischen Kolumbus und Galilei, mit Banken, Buchdruck, der Entdeckung der Neuen Welt und den Religionskriegen in die Moderne aufbricht, sah nicht weniger etwas von seinem eigenen Leben darin. Das Mittelalter, das er zuvor geschildert hatte, war zum Besitz der politischen Reaktion geworden. Er hat seine eigene Neuorientierung, im Zorn auf die unwürdige Politik Napoleons III., fern in der Provinz mit der Renaissance durchlebt. Von ihm stammt die Formel »die Entdeckung der Welt, die Entdeckung des Menschen«, die Burckhardt aufnehmen wird. Sehr weit gehen die Gemeinsamkeiten nicht.

An den Polemiken, die langsam nach dem Erfolg des Buches sich gegen den Begriff »Renaissance« wandten und das Mittelalter glaubten gegen Burckhardt, der es kannte und liebte, verteidigen zu müssen, erkennt man, daß mit dem Buch etwas getroffen worden war. Kritik kam nicht lediglich von der Seite, die das Mittelalter retten und bewahren wollte und in der Renaissance nur die Krise, die Auflösung der Religion und der Einheit des christlichen Europa erblickte. Sie kam auch von einer anderen Seite, der dieses Neue nicht genügte, weil man die Moderne nach der Reformation und dem großen Drama des 17. Jahrhunderts beurteilte, was Italien beides nicht hervorgebracht oder eingeführt hatte.

Die Beurteilung der Moderne ist enttäuschend arm an Kriterien. Entweder sind es die der Auflösung und Teilung des zuvor vermeintlich Einheitlichen, und da fällt den Kritikern auch nach der Französischen Revolution nichts anderes ein als vorher anderen Kritikern der Reformation. Oder man sieht die Notwendigkeit der Modernisierung ein. Dann muß man die Revolution, die man nicht gemacht hat, schon gehabt haben, und dazu ersahen sich die deutschen Liberalen im 19. Jahrhundert die längst vergangene Reformation aus. Die Schwierigkeit der Beurteilung liegt, wie Burckhardt richtig sah, im Bewußtsein der neuen konkurrierenden Nationalstaaten. Italien hatte sich eigentlich vor langer Zeit aus der Moderne verabschiedet, als es von Frankreich und Spanien und Habsburg zerfleischt wurde, und lebte in einer geschichtslosen Verkommenheit, während England und Frankreich sich im 18. Jahrhundert modernisierten.

Also durfte Italien wohl in den Künsten, aber doch nicht als Gesellschaft und mit seinen Staaten die Moderne einleiten. Kein Thema hat deshalb auch soviel Verwirrung erregt wie schon die Überschrift des ersten Abschnitts »Der Staat als Kunstwerk«. Auf Kultur eingestimmt, denken viele Leser, Kunstwerk müsse stets etwas Lobenswertes und Vorbildliches sein, oder sie verdächtigen Burckhardt einer bösartigen Ironie. Beides trifft die Sache nicht. Was Burckhardt nach dem Zeugnis seiner Quellen darstellt, ist die prinzipielle Konstruierbarkeit und Veränderung staatlicher Formen. Darin fand er etwas individuell Ausgeprägtes, was den kleinen Tyrannen mit dem schaffenden Künstler ein wenig verbindet. Aber nicht sehr: der Künstler schafft Dauerhaftes, der Tyrann hingegen Vergängliches.

Kaum jemand hat so deutlich vor der Macht und ihren Gefahren gewarnt, gleichgültig ob sie sich im Staat oder in der Religion ausprägt: »Abgesehen von der allgemeinen Rechtlosigkeit vor dem Despotismus und seiner Polizei, von der Ehrlosigkeit Aller derer, die mit der Macht zusammenhängen.« (*Studium*, S. 304 f.) Das gilt bei Burckhardt stets, einmal mit dem Verweis auf den Historiker Friedrich Christoph Schlosser, das andere Mal mit dem auf Prévost-

Paradol, *La France nouvelle*. Auf Schlosser bezieht sich die Aussage, daß die Macht »an sich böse« sei, »gleichviel wer sie ausübe«. Sie findet sich im Abschnitt über »Kultur in ihrer Bedingtheit durch den Staat«; jene von der Ehrlosigkeit aller derer, die mit der Macht zusammenhängen, im Abschnitt über »Kultur in ihrer Bedingtheit durch die Religion«. Und noch deutlicher sind die Lehren, die man aus dem Verhältnis des mittelalterlichen Kaisertums zum Papsttum ziehen muß. Sinkt die Kirche und wird von der weltlichen Gewalt gerettet, dann zerstört sie diese. »Seitdem (aber steht) die Kirche als siegreiche, rücksichtslose Reaktion gegen den eigentlichen Geist der Zeit, als Polizei, an die äußersten Mittel gewöhnt; künstliche Neubefestigung des Mittelalters. – Tausendfältige Verflechtung mit der Welt durch das Besitz- und Machtwesen der Kirche; tatsächliche Überlassung ihrer höchstdotierten Stellen an den Adel verschiedener Länder; weiter unten allgemeine Pfründenjagd und das Treiben der Leute vom Jus canonicum, und von der Scholastik.« (*Studium*, S. 313)

Der Staat ist aber um nichts besser. Und deshalb erstaunt der Einsatz der *Kultur der Renaissance in Italien* immer wieder seine Leser. Mit unglaublichem Schwung gibt Burckhardt eine knappe Übersicht über die politische Lage Italiens, das gerade durch das Papsttum politisch entzweit blieb, wie Machiavelli analysierte, als anderswo junge Nationalstaaten im Entstehen waren. Aber nicht die sind das Modell des »modernen« Staates, sondern das singuläre Gebilde, das Friedrich II. von Hohenstaufen auf der Grundlage des Normannenreiches und mit den Kunstgriffen orientalischer Verwaltung, die er von den Sarazenen ausüben läßt, für kurze Zeit errichtet. Auch da finden sich Stilzüge, die Burckhardt nicht etwa entwicklungsgeschichtlich als modern rühmt, sondern als erschrekkend und in das Leben des einzelnen gewaltsam eingreifend charakterisiert.

Das hat manche Kritiker irritiert, die von der naiven und affirmativen Geschichtsschreibung her gewohnt waren, daß der Historiker das auch rühmt, was er beschreibt. Nichts davon bei Burckhardt. Der Staat ist heillos in seiner alten Anarchie und in seiner neuen Kunst der stets weiter um sich greifenden, neue Mittel beanspruchenden und erpressenden Verwaltung. Das besondere Element, das

Italien hinzufügt, ist die Einwirkung der weltlichen Macht der Päpste und die bis zur Selbstzerstörung reichende Unabhängigkeit der größeren Kommunen. Und da spielt es keine entscheidende Rolle, ob sie sich im Parteienhader, der oft bis zur Vertreibung der Häupter der unterlegenen Partei reichte, aufreiben oder einem kleinen Tyrannen unterwerfen. Die Grenzen waren so nahe und offen, daß jeder ehrliche Mann fliehen konnte, wenn es unerträglich wurde. Und der innere Zwist, der andere Staaten, wie Machiavelli an der Geschichte seiner Vaterstadt Florenz darstellt, vernichtet hätte, läßt diese erblühen.

Man konnte Handel und Geschäfte treiben, und die künstlerisch begabten Individuen entwickelten sich vortrefflich unter Bedingungen, die anderswo das große Jammern hervorgerufen und als Erklärung dafür gedient hätten, daß man ja in solchen Zuständen nicht produzieren könne. Vergleiche mit der Gewalt und dem öffentlichen Unrecht in Flächenstaaten, die ihre Grenzen sichern, sollte man lieber nicht ziehen. Dantes Exil bedeutet Heimatlosigkeit, fern von Florenz, aber doch innerhalb Italiens. Und seine Vision einer einheitlichen Sprache zu verwirklichen, hat er selbst auf das kräftigste geholfen, während die andere Vision, die einer einheitlichen politischen Macht als regulativer Idee der Gerechtigkeit, vielleicht doch besser Vision geblieben ist. Politische »Kunstwerke« sind nicht für den Genuß geeignet.

Bezeichnend ist es, daß Burckhardt sich für die schonungslose Darstellung der Verwaltung des Hohenstaufenreiches auf den wenig bekannten Konstantin von Höfler bezieht, der auf die Quellen gestützt eine ganz andere Ansicht gibt als das berühmtere Werk Friedrich von Raumers, das auch eher Anlaß zu Dramatisierungen der Geschichte bot. Aber noch in jüngerer Zeit hat Ernst Kantorowicz, der später mit *The Kings Two Bodies* ein Meisterwerk historischer Forschung schrieb, unter dem Einfluß des George-Kreises ein Werk der Verherrlichung des priesterlichen Königtums verfaßt, das von der inneren Verwaltung gar keinen Eindruck vermitteln will. Friedrichs II. rational organisierte und mit der Unerbittlichkeit der Sarazenen verwaltete Zwingburg in Süditalien stellte nicht nur Steuern, Ehe und Studium unter strenge Staatsaufsicht, sondern auch Handel und Ackerbau, sehr zu ihrem Schaden. Es war kein

Vergnügen, da zu leben, wo »der erste moderne Mensch auf dem Throne« saß. Und sein Stellvertreter in Oberitalien, Ezzelino da Romano, war darin zweckrational und modern, daß seine Usurpationen sich nicht mehr auf Erbansprüche gründeten, mochten diese noch so schwach sein, sondern daß er ohne Vorwand auf die Herrschaft zielte und dafür nicht vor »Massenmord und endlosen Scheußlichkeiten« zurückschrak.

Während der Kaiser in publizistischer und politischer Fehde mit dem Papst lebte, mißbrauchte er doch die Religion als Mittel, wohingegen die fatimidischen Kalifen wenigstens da tolerant waren: »Friedrich dagegen krönt sein Regierungssystem durch eine Ketzerinquisition, die nur um so schuldvoller erscheint, wenn man annimmt, er habe in den Ketzern die Vertreter freisinnigen städtischen Lebens verfolgt.« (*Kultur*, S. 18) Und das war die politische Schule Italiens vor Beginn der Renaissance! Hier scheint man die politische Zersplitterung kulturell als Glücksfall ansehen zu müssen. Sie gewährt bei einer gewissen Unsicherheit der äußeren Existenz die innere Vielfalt, die Freiheit der Entwicklung, die Konkurrenz der strebenden Geister.

Und neben der Last einer nationalen Dynastie fehlt auch die eines alteingesessenen Adels. In Italien dominieren die Städte als kleine Zentren einer in Fernhandel und Bankwesen weit über die Region hinaus wirkenden Aktivität. Fürsten und Adlige werden nicht nach ihrem Stammbaum beurteilt, sondern nach ihrer persönlichen Tüchtigkeit. Auch sie stehen in Konkurrenz. Auch sie müssen ihre stets bedrohte Stellung behaupten. Darin unterscheiden sie sich wenig von den Usurpatoren. Wenn man sich einen halbwegs zutreffenden Eindruck von dieser zerklüfteten und wildwachsenden politischen Landschaft machen will, darf man die kleinen Tyrannen und auch die Stadtrepubliken nicht mit den Diktaturen und Demokratien des 20. Jahrhunderts vergleichen. Man muß eine andere Sphäre suchen. Nicht umsonst bezeichnet das Wort »Condottiere«, Söldnerführer, den Unternehmer. Die kleinen teils persönlich, teils von Parteien oder Familien mit ihrem Anhang geleiteten Staatswesen entsprechen den wirtschaftlichen Unternehmungen in der Pionierzeit der industriellen Revolution. Und ganz entsprechend bewegen sie sich in einem noch weitgehend rechtsfreien Raum.

Dadurch geraten auch die von Burckhardt aufmerksam notierten Einzelzüge in ein anderes Licht. Die Sakralisierung der fürstlichen Stellung, verbunden mit maßlosem Aberglauben und astrologischer Unfreiheit des Denkens, gehört dazu ebenso wie die Bürokratisierung der Verwaltung. Die Aufwertung der Abstammung gegenüber der Gesetzlichkeit der Ehe führt zur Anerkennung der fürstlichen Bastarde, die Stellung der regierenden Familie zu einer verordneten Staatstrauer im Todesfall, das Zählen und Rechnen führt zur Statistik und zu Ansätzen des Paßzwangs. Die Condottieren streben nicht nur nach unabhängiger Herrschaft, sondern zu deren moralischer Sicherung auch nach Kronen. Die kleineren Tyrannen suchen sich dadurch unentbehrlich zu machen, daß sie für die Kaufmannsrepubliken in deren Sold den militärischen Schutz übernehmen. Das konnte aber auch ein gebildeter Fürst wie Federigo da Montefeltro, Herzog von Urbino, für Venedig tun und damit sein kleines Land steuerfrei halten und im Frieden sich entwickeln lassen.

Statt ritterlicher Phantasien, die noch im Burgund Karls des Kühnen galten, herrscht in Italien Zweckrationalität, die auch bestimmt, ob die öffentliche Meinung Greueltaten verzeiht oder zur zunächst publizistischen Rache schreitet. Diese Zweckrationalität führt aber auch zu neuen Formen würdevoller Repräsentation, zum kalkulierten Gebrauch des Luxus und der prestigeträchtigen Verschwendung bei einem ziemlich lockeren und familiären Umgang zwischen Herrschern und Beherrschten. Diese gesellige Gleichheit wurde erst mit der dynastischen Verfestigung im 16. Jahrhundert durch die Einführung des spanischen Hofzeremoniells abgeschafft, als auch die anderen Freiheiten durch konfessionelles Mißtrauen und die Syphilis vergiftet wurden.

Hier bildet sich die Persönlichkeit des Fürsten und analog zu ihr die des Künstlers auf einzigartige Weise aus. Burckhardt verweist dabei auf den Wortgebrauch von Machiavelli und wirft durch seine Schilderung Licht auf diesen Autor, so wie er umgekehrt Evidenz aus dessen Text für seine Darstellung gewinnt: »Dieser Verein von Kraft und Talent ist es, was bei Machiavelli virtù heißt und auch mit scelleratezza verträglich gedacht wird, z. B. *Discorsi* I, 10 bei Anlaß des Sept. Severus.« (*Kultur,* S. 25) Virtù zeichnet den schöpferischen Künstler aus, aber auch den erfolgreichen Staatsmann. Machiavelli spricht natürlich nicht von Künstlern. Ihn beschäftigt allein die Politik. Aber es gibt keinen Begriff, der die Energie und Fähigkeit des Politikers von der des Künstlers unterschiede.

Staatsmann und Künstler können sich aber in diesem Italien der Renaissance auch herausfordern, aneinander bilden und an ihren Aufgaben wachsen. Der bildende Künstler entsteht sozusagen in den Goldschmiedewerkstätten. Vom Zeichnen aus zum Modellieren, vom perspektivischen Plan zur Stadtentwicklung, von der Menschendarstellung in der anatomischen Skizze zum lebensgroßen Wandfresko und Bronzebildnis, all das nimmt dort seinen Ursprung. Auch Künstler wie Raffael, die wir für ausschließlich zeichnerische und malerische Talente halten würden, leiten als Architekten die Planung des größten Bauwerks der Christenheit (St. Peter in Rom) und machen selbst Bauzeichnungen an den Überresten der heidnischen Antike. Michelangelo wird den Festungsbau von Florenz bei der Verteidigung der Stadt überwachen und sich von seinen bildhauerischen Arbeiten lange Zeit lösen, um die Sixtinische Kapelle auszumalen.

Fürsten werden als Auftraggeber Förderer, die nicht im Vertrauen auf das Genie Mittel bereitstellen, sondern die dem Künstler zu ihrer Verherrlichung ungeahnte Leistungen abfordern. Sie ersinnen riesige Aufgaben, und sie erweisen Vertrauen, das zu ihrer Bewältigung nötig ist. Das fällt nicht weiter auf in einer Umwelt, in der es seit Ende des 13. Jahrhunderts »von Persönlichkeiten zu wimmeln« beginnt. (*Kultur*, S. 138) Selbstverständlich kannte auch das Mittelalter ausgeprägte Charaktere, aber sie waren Ausnahmen, ihrem Auftreten haftete beinahe etwas Frevelhaftes an. Burckhardt spricht von dem »Banne der Race«, der auf dem Individuum gelegen hatte und in Italien zuerst in jener Zeit gebrochen wurde. Dantes Werk mit der Fülle individueller Charaktere, die in die Regionen der Jenseitslandschaften verteilt sind, die aber ihre Geschichte haben und ihre Taten auch in den Qualen des Inferno nicht bereuen, bezeugt diesen Durchbruch. Die bildenden Künste folgen mit zeitlichem Abstand nach.

Jetzt blicken Bildnisse und Selbstbildnisse der Künstler nicht mehr starr von der Wand oder allenfalls durch uns hindurch, sondern die Dargestellten blicken uns so an, wie sie sich selbst überrascht im Spiegel wahrgenommen haben. Ihrer Individualität und ihrer Kräfte bewußt, sensibel und sprechend zugleich. Die »Renaissance« hat sehr viel weniger mit der Wiederbelebung des klassischen Altertums zu tun, als es scheinen mag. In allen produktiven Bereichen ist es kein Nachahmen, sondern ein sich Wiedererkennen. Es ist die Empfindung der Humanisten und ihrer Zeitgenossen, daß ein langer Schlaf (oder Tod oder Exil) nun beendet sei. Das Freiheitsbewußtsein der republikanischen Bürgerhumanisten in Florenz, die sich politisch und publizistisch der Übergriffe des Mailänder Tyrannen erwehren, mag für viele von uns unter lateinischen Redeformeln verborgen bleiben. Aber das Selbstbewußtsein der Menschen in ihrer leiblichen Gestalt und in ihrer unverwechselbaren Physiognomie, das Masaccio und Piero della Francesca und Filippino Lippi in leuchtenden Fresken darstellen, spricht immer noch unmittelbar zu uns.

Dabei spielen für den Genuß und das Verständnis die Themen nur eine geringe Rolle. Es ist kaum mehr die Frage, ob sie aus der christlichen Überlieferung oder aus dem heidnisch-antiken Mythos stammen. Die Maler lösen sich und ihre Gestalten aus dem engen, dogmatischen Rahmen, nähern die mythologische und die religiöse Bilderwelt in einer gemeinsamen Menschlichkeit einander an. Der spielerische und freie Umgang mit dem antiken Mythos, der durch kein Glaubensbekenntnis gebunden ist und durch kein Konzil geregelt zu werden vermag, hat einen gemeinsamen Raum für die Europäer der Neuzeit geschaffen. Hier gelten keine Grenzen der nationalen Sprache und Staatlichkeit, keine Schranken der sozialen Schichten und keine Trennung der Konfessionen. Dieser kostbare Raum der Freiheit hat auch die Bedrohungen der Gegenreformation und der Konfessionskriege, der staatlichen Gewalt und Unterdrückung im Absolutismus und der schärferen sozialen Trennung überstanden. Aus ihm schöpfen und in ihm entfalten sich die danach entstehenden Literaturen und Bildwelten.

# *Die Entdeckung der Welt und des Menschen*

Die Formel stammt von Jules Michelet. In seinen Vorlesungen seit den 40er Jahren und in dem Band *La Renaissance* (1855), dem siebenten Band seiner *Histoire de France,* charakterisierte er die neue Zeit, für Frankreich das 16. Jahrhundert, mit dem Stichwort »la découverte du monde, la découverte de l'homme«. Welt ist das, was das Mittelalter mit Mißtrauen betrachtet hatte, der Gegensatz zu Gott und der Seele, worin die tieferen Abgründe und die wahre Unendlichkeit lagen. Der Mensch ist das Wesen, das sich nicht durch Sünde und Vergänglichkeit definiert sieht, sondern seines Leibes, seiner Fähigkeiten und seiner selbst bewußt geworden ist.

Solche allgemeinen Formeln sind für Historiker stets ein Stein des Anstoßes. Sofort sucht man nach einzelnen Gegenbeispielen vorher und nach Resten des älteren Zustands hinterher. Aber Stilzüge lassen sich nun einmal nicht statistisch belegen. Und was sich berechnen und in Zahlenreihen fassen läßt, enthält noch längst keine Deutung. So muß man sich einzelne Texte vornehmen und zu verstehen suchen, in denen man das Neue meist in Ambivalenz mit älteren Auffassungen findet. Burckhardt setzt hier mit Columbus ein, dem Genuesen, der aber der Spanier bedurfte, um Amerika zu entdecken. Der wunderbare Brief, den Columbus schreibt, als sein Schiff gestrandet ist und er in der Hölle von Jamaica sitzt, enthält genügend Anspielungen auf die biblisch-religiöse Sphäre seiner Ahnen.

»Der Sturm war schrecklich, und in jener Nacht verstreute er mir die Schiffe. Jedes von ihnen trieb er vor sich her, und es blieb nichts zu erwarten als der Tod. Auf einem jeden von ihnen glaubte man gewißlich, daß alle anderen verloren seien. Ist jemals ein Mensch geboren, Hiob nicht ausgenommen, der so verzweifelt seinem Tod entgegen sah? ... Achtundachtzig Tage hindurch hatte der schreckliche Sturm nicht von mir gelassen, man sah keine Sonne und keine Sterne auf dem Meer. Die Schiffe leckten, die Segel zerrissen, die Anker und Winden gingen verloren, dazu Taue und viel Proviant; die Mannschaft krankte, alle waren zerknirscht, viele taten ein Gelübde, später ins Kloster zu gehen ...« (aus der *Lettera rarissima*).

Sterbenskrank ist Columbus, aber voll Gier, das irdische Paradies zu finden, das nicht Frieden und Unschuld, sondern Gold bedeutet: »Zwei Indianer brachten mich nach Caramburu, wo die Menschen nackend gehen und um den Hals einen goldenen Spiegel tragen, doch wollten sie den nicht verkaufen noch tauschen ...« Wunderbar ist diese Welt, doch läßt sie sich berechnen, und auch wenn Columbus nicht ganz richtig rechnet, so stimmt das Ergebnis doch: è piccolo questo mondo ... »Ich sage, die Welt ist nicht so groß, wie es gemeinhin heißt.« Nichts ist völlig neu, vieles erscheint uns atavistisch, aber Stilzüge gruppieren sich, um aus dieser Unternehmung nicht eine der vielen Seefahrten des späten Mittelalters zu machen, sondern eine, deren späte Folgen die Neuzeit bestimmen.

Moderner eigentlich als die epochemachende Seefahrt des Jahres 1492 ist eine vergleichsweise höchst bescheidene Tageskletterei eines italienischen Humanisten und Dichters auf den Mont Ventoux in Südfrankreich. Der sehr stilisierte Bericht, der noch auf den Abend des gleichen Tages datiert ist, den 26. April 1336, bekundet die Entdeckung der Landschaft. Nicht um eines Zieles willen, sondern um die erhabene Schönheit eines Blicks über die weite Landschaft zu genießen, wurde diese Wanderung unternommen. Aber sie schließt keineswegs mit einem Triumph. Francesco Petrarca (1304–1374) steht im 32. Jahr, als Adam erschaffen und Christus gekreuzigt wurde und als Augustinus seine Bekehrung erfuhr. Auch er sucht einen symbolischen Augenblick und schwankt wie Augustinus zwischen verschiedenen Berufungen und einer erwarteten Bekehrung von seinem weltlichen Leben.

Als er mühevoll und nicht ohne Umwege und Schrammen an Händen und Füßen den Berg bestiegen hat, auf dem Gipfel steht und hinunter auf Land und Meer blickt, als die Sonne sich schon zu senken beginnt, schlägt er ein mitgenommenes Buch auf, die *Bekenntnisse* des Augustinus. Sein Blick fällt auf eine Stelle, die zu seinem Erschrecken von ihm selber spricht und von Bergen, Meeren und Gestirnen. »Klar ließen sich zur Rechten die Gebirge der Provinz Lyon sehen, zur Linken das Meer bei Marseille und das, welches gegen Aigues-Mortes brandet, was doch alles einige Tagereisen voneinander entfernt ist; die Rhône lag gerade vor unseren Augen. Und wie ich diese Dinge eines ums andere bewunderte und mich bald in irdischen Gedanken erging, bald die Seele nach dem Beispiel des Körpers zu höheren Gedanken erhob, fiel es mir ein, die Confessiones des Augustinus aufzuschlagen.« Und was liest er? »Und es gehen die Menschen hin und bestaunen die Gipfel der Berge und die ungeheuren Fluten des Meeres und den mächtigen Lauf der Ströme und den Saum des Ozeans und die Bahnen der Gestirne und achten nicht ihrer selbst.« Er ist wie betäubt von dieser Gewalt der Rhetorik, die eine ganze Welt aufbietet, um sie als nichts erscheinen zu lassen. Und er spricht kein Wort mehr zu seinem Bruder, der ihn begleitet, bis sie wieder unten in der bewohnten Welt angelangt sind.

Die »festen Beweise für eine tiefere Wirkung großer landschaftlicher Anblicke auf das Gemüt beginnen mit Dante«. In wenigen Zeilen vermag er »die Morgenlüfte mit dem fernzitternden Licht des sanft bewegten Meeres, den Sturm im Walde« und ähnliche Eindrücke zu schildern. Auch er hat schon Berge um des Fernblicks willen bestiegen und beweist in der Anschaulichkeit der Jenseitslandschaften »vielen Raum- und Formensinn«. Burckhardt verweist hier auf den Autor, der die Quellen des malerischen Natursinnes gesammelt und gedeutet hat, Alexander von Humboldt. Da die Lektüre des *Kosmos* nicht mehr selbstverständlich ist, sei die Stelle zitiert:

»Unnachahmlich malt Dante am Ende des ersten Gesanges des Purgatorio den Morgenduft und das zitternde Licht des sanft bewegten fernen Meeresspiegels (il tremolar de la marina); im fünften Gesange den Wolkenbruch und das Anschwellen der Flüsse, wobei nach der Schlacht von Compaldino der Leichnam des Buonconte da Montefeltro in den Arno versank. Der Eingang in den dichten Hain des irdischen Paradieses erinnert den Dichter an den Pinienwald bei Ravenna, ›la pineta in sul lito di Chiassi‹, wo in den Wipfeln der Frühgesang der Vögel erschallt. Mit der örtlichen Wahrheit dieses Naturbildes kontrastiert im himmlischen Paradiese der Lichtstrom, aus welchem Funken sprühen, ›die sich in die Blumen des Ufers senken, aber wie von Düften berauscht zurücktauchen in den Strom, während andere sich erheben‹. Man möchte glauben, einer solchen Fiktion liege die Erinnerung an den eigentümlichen und seltneren Zustand der Phosphoreszenz des Ozeans zum Grunde, wo leuchtende Punkte beim Zusammenschlagen der Wellen sich über der Oberfläche zu erheben scheinen und die ganze flüssige Ebene ein bewegtes Sternenmeer bildet. Die außerordentliche Konzision des Stils vermehrt in der Divina Commedia den Ernst und die Tiefe des Eindrucks.« (*Kosmos,* Bd. 2, 1847, S. 52)

Diese drei markanten Beispiele sind gewiß nicht bezeichnend genug. Für sich allein genommen, würde man aus ihnen eher umgekehrt die Abnahme des Sinnes für landschaftliche Schönheit herauslesen, die bei Dante schon so stark entwickelt ist, die bei Petrarca so schwankend erscheint und bei Columbus nicht vorkommt. Aber da geht es auch um anderes, Petrarca hat an anderen Stellen sehr viel Sinn für die Schönheit von Landschaften und sucht auch darum die Einsamkeit von Vaucluse auf. Die Schilderung von Landschaften verbreitet sich allmählich, gewinnt ihren Platz in Biographien und Reiseberichten. Auch hier wieder ist Aeneas Sylvius, der spätere Papst Pius II., ein Kronzeuge. Er verkörpert auf hohem Niveau, ohne ein großer Autor zu sein, die geistige Kultur seiner Epoche, die eines »Normalmenschen der Frührenaissance«. (*Kultur,* S. 298)

Die Entdeckung des Menschen ist schwieriger zu erweisen. Jacob Burckhardt gesteht, daß er hier »das bedenkliche Gebiet der Ahnung« betritt, wenn er das, »was ihm als zarter, doch deutlicher Farbenübergang in der geistigen Geschichte des 14. und 15. Jahrhunderts vor Augen schwebt«, anderen als Tatsache erweisen soll. Mit untrüglichem Gespür vermeidet Burckhardt die psychologische Theorie, die noch von Aristoteles beherrscht wurde, und sucht bei den großen Dichtern Rat. Die lyrische Subjektivität und ihre Formen sind die wirkliche Quelle. Aber schwer und fast unmöglich ist es, etwas so Persönliches und in allen Kulturen Seltenes vergleichend zu beurteilen, um Züge der Modernität herauszulösen, die ganz vorzügliche, aber in der Menschenschilderung doch noch konventionellere Dichter nicht in gleichem Maße besitzen. »Es handelt sich hier durchaus nicht darum zu wissen, ob ausgezeichnete Menschen anderer Nationen nicht ebenso tief und schön empfunden haben, sondern wer zuerst die reichste Kenntnis der Seelenregungen urkundlich erwiesen hat.« (*Kultur*, S. 312)

Dantes *Vita nuova* hat in der Poesie der bewußten Individualität den Weg gewiesen. In der Kulturgeschichte gibt es weniger Fortschritt als Wandel und Ausbreitung von Ideen. Die einzelnen Gattungen und Autoren tragen unterschiedlich dazu bei, die Entdeckung des Menschen im Italien des 14. und 15. Jahrhunderts zu erweisen. Poesie, das wenig entwickelte Drama, Biographien und diplomatische Korrespondenz sichern Italien hier den zeitlichen und sachlichen Vorrang. In der Autobiographie muß man von der modernen Entblößung des Inneren abstrahieren, um die Leistungen der Epoche zu würdigen.

Die Darstellung des eigenen Lebens kann bei durchaus bedeutenden Personen ihr Werk bei weitem überragen. So ist Benvenuto Cellini als Bildhauer nicht von erstem Rang, aber die Fülle und unverblümte Wahrheit selbst da noch, wo man ihn beim Prahlen oder Lügen ertappt, macht seine Darstellung zu einem hinreißenden Dokument. Auch Girolamo Cardano hat eine Autobiographie geschrieben, die auf ganz andere Weise modern ist in der völligen Objektivität sich selbst gegenüber und die seine anderen Schriften überlebt hat. Nicht die Gegenstände, die geschildert werden, nicht die Schicksale sind modern, sondern die Weise, wie ein Individuum sich selbst wahrnimmt und vor sich und anderen darstellt. Da wird im Individuellen geschichtliche Erkenntnis möglich, da erfüllt sich das anthropologische Programm Jacob Burckhardts.

Nicht die Philosophie interessiert Jacob Burckhardt, sondern der Mensch. Die Philosophie, die sich an den Universitäten noch nicht vom scholastisch gedeuteten Aristoteles lösen konnte, ist so wenig ein eigenes Thema wie andere wissenschaftliche Disziplinen. Aber die verwandelte Stellung des Menschen spricht sich in einem Dokument aus, das der junge Pico della Mirandola (1463–1494) als Rede seinen Thesen voranstellte, die er mit den Theologen und Philosophen der Schule erörtern wollte. Picos Streben richtete sich darauf, die Weisheit aller Zeiten und Richtungen des Denkens zu versammeln und unter höheren Gesichtspunkten zu vereinigen. Daraus entstand das manchmal abstruse, aber in Raffaels *Schule von Athen* zum programmatischen Bild gewordene Thema der Versöhnung des Platon und des Aristoteles. Empirie und Ideen ergeben erst zusammen ein tragfähiges Gebäude des Denkens, und da fügen sich neben die beiden zentralen Gestalten auch andere harmonisch in die Komposition: Stoiker und Epikuräer, einsame Weise und diskutierende Gruppen, beobachtende Naturwissenschaftler und konstruierende Geometer, und selbst der Kyniker braucht nicht zu fehlen.

Voraussetzung auch dafür ist die wesentliche Eigenschaft des Menschen, im Gegensatz zu den übrigen Geschöpfen dieser Welt nicht festgelegt zu sein. Der Mensch löst die bislang als hierarchisch in Schichten oder Stufen geordnete Welt des Mittelalters auf. Er findet sich in einem freien Raum unbegrenzten Agierens wieder. Der Raum der euklidischen Geometrie, der als abstrahierte Fiktion galt, ist als wirklicher Raum erkannt. Noch ist es eine Ahnung. Die Anwendung auf den Raum der Astronomie wird Kopernikus einige Jahre später versuchen. Die astronomische Revolution gründet sich auf eine anthropologische Revolution. Und die hat Pico della Mirandola in seiner Rede *De dignitate hominis* im letzten Jahrzehnt des 15. Jahrhunderts in Bewegung gesetzt. Am Ende der Schöpfung schuf Gott den Menschen, damit ein Wesen dieses Werk erkenne, dessen Einrichtung erwäge, dessen Schönheit liebe und dessen Größe bewundere. Aber alle Plätze waren bereits besetzt, alle Archetypen verwendet. Aus diesem Mangel stammt der Reichtum des Menschen. Da ihm kein Ort, keine Schranken und Gesetze zugewiesen wurden, bestimmt der Mensch in Freiheit sich selbst und sein Handeln. Der Mensch soll diese Welt betrachten, als ein Wesen, das weder himmlisch noch irdisch, weder sterblich noch unsterblich ist, damit er als sein eigener freier Schöpfer und Bildner sich die Form, die er haben will, selbst schaffe.

Zwei Begriffe der bildenden Kunst verwendet Pico hier: »plastes« und »fictor«, der Bildner in Ton und der Bildschnitzer, das Modellieren und das Ausarbeiten, das Wegschaffen des Überflüssigen vom Holz- oder Steinblock, um die Form zu befreien. Das ist ein Gleichnis, womit schon Plotin in seiner Schrift *Über das Schöne* Ethik und Ästhetik verbindet. Der Mensch formt sich selbst. Dabei kann er, so lautet nun Picos Anwendung, ins Tierische abgleiten (degenerare) oder sich zum gottähnlichen Wesen wiedergebären (regenerari). Das ist großartig gedacht und kühn, und es mußte Widerspruch erregen. Der so wirkungsmächtige Kirchenlehrer Augustinus zum Beispiel hatte dem Menschen die Fähigkeit des »regenerari« im Irdischen abgesprochen. Die theologischen Deuter, die Picos Auffassung nicht schlechthin ablehnten, milderten ihn gleich dahin, daß Gott zum Menschen so vor dem Sündenfall gesprochen habe und danach diese Freiheit nicht mehr gelten könne.

Es ist höchst bezeichnend für Italien, Florenz und den Mediceerkreis, daß Pico zwei Begriffe aus der Werkstatt des Bildhauers gebraucht. Der Gott des Alten Testaments modelliert den ersten Menschen aus einem Erdenkloß, und nun wird der Mensch zum Zunftgenossen, zum »Kunstverwandten« Gottes. Gerade hier hat ein Zufall Jacob Burckhardt eine Einzelausgabe (wohl Basel 1530) in die Hände gespielt, in der statt »fictor« der Druckfehler »victor« steht, was Burckhardt mit »Überwinder« übersetzt. Picos Text ist auch ein Zeugnis für die Stellung des Künstlers, der den anderen Menschen das Bilden vormacht, der in seiner damals neu gewonnenen Stellung Beobachter der Schöpfung, Forscher nach ihren Gesetzen und Bildner ihrer Schönheit ist.

Ein ganz eigentümlicher, nur ungenügend in Quellen dokumentierbarer Bereich der Anthropologie eröffnet sich dem Forscher in der Bedeutung, die an Höfen und in Städten der Renaissance das Festwesen mit seinen vergänglichen Dekorationen gewann. Auch die größten Künstler schufen »für den Augenblick«, entwarfen für Prozessionen Gewänder, Schauwaffen und Wagen, schmückten unfertige Fassaden mit prächtigen Reliefs in Papiermaché und errichteten Triumphbogen und Brunnenskulpturen. Aby Warburg hat aus verwandter Seelenstimmung gerade solche Ahnungen und Deutungen Burckhardts gewürdigt. Er sah ihn wie sich selbst bedroht und als einen, der durch Disziplin und Werk über sein Schicksal Herr geworden war, während Friedrich Nietzsche zusammenbrach. Ein Erkennen als Erleiden der Geschichte bezeichnete Warburg als »mnemische Funktion«. In der »Notwendigkeit« des Renaissance-Buchs, dem versuchten Ausweichen und schließlich Bezwingen seines Lebensthemas bei Burckhardt sah Warburg eine Periode der Gefährdung durch die Erschütterungen des historischen Seismographen, die glücklich bewältigt wurde. Für ein Seminar über

Burckhardt an der Universität Hamburg 1927 notierte Aby Warburg einige Reflexionen, die dem scheinbar leichten und heiteren Thema des Festwesens und der Augenblicksdekorationen eine ganz andere Dimension geben:

»Wenn dies nicht einen so wesentlichen Teil seiner ganzen mnemischen Funktion ausmachte, würde er auch später gar nicht so reagiert haben. Er muß mitschwingen, so daß neue Gebiete aus der verdeckten Schicht verschollener Tatsachen herausbrechen. Das Festwesen ist durch ihn wieder heraufgeholt und zwingt ihn zum Widerspiegeln eines Stücks elementaren Lebens, das vorher nicht da war, vor dessen Gestaltung er sich eigentlich fürchtete. Mit den Begriffen Moral und Nichtmoral an diese Gestaltungen heranzugehen, ist unzulänglich. Burckhardt war ein Nekromant bei vollem Bewußtsein; dabei sind ihm Gestalten aufgestiegen, die ihn ganz ernsthaft bedroht haben. Denen ist er ausgewichen, indem er sich seinen Seherturm erbaut hat. Seine Art des Sehertums ist Lynkeus... er war und blieb ein Aufklärer, der aber nie etwas anderes hat sein wollen als ein einfacher Lehrer.« (E. Gombrich, *Aby Warburg*, 1970 u.ö. S. 344f.)

Burckhardt versucht auch beim Festwesen, unterscheidende Merkmale aus den oft sehr pauschalen Berichten zu gewinnen und etwa das spezifisch Florentinische in Geist und Spott herauszuarbeiten. In diesen flüchtigen Formen der Repräsentation haben höfische und städtische Kulturen je auf ihre Weise für die Zeit des Festes die Gewißheit ihrer Identität. Einzelne Künstler haben Prozessionswagen oder Triumphzüge in aller Pracht dargestellt. Und einzelne Festgedichte sind überliefert, so eines von Lorenzo de' Medici auf Bacchus und Ariadne, dessen Refrain Burckhardt »wie eine wehmütige Ahnung der kurzen Herrlichkeit der Renaissance selbst« erscheint: Quanto è bella giovinezza.

Die räumliche Gliederung der *Kultur der Renaissance in Italien* folgt einem strengen Plan. Die Kapitel über den Staat zu Beginn und die Religion am Ende nehmen je ein Viertel des knapp gehaltenen Raumes ein. Die Hälfte, die der Kultur gewidmet ist, skizziert zunächst überraschend knapp die »Entwicklung des Individuums«, um sich dann weit ausführlicher der »Wiedererweckung des Altertums« zu widmen und das restliche Viertel zu gleichen Teilen auf

»Die Entdeckung der Welt und des Menschen« und »Die Geselligkeit und die Feste« zu verteilen. Besonders der Schluß der Kapitel ist jeweils mit Bedacht komponiert und enthält oft nach dem raschen Durchgehen durch die Gräuel der Geschichte und das vielfache persönliche Unglück ihrer Handlungsträger, welche die Augenblicke des schöpferischen Glücks kaum auszugleichen vermögen, einen tröstlichen Ausklang. Nach der Schilderung des »Sturzes der Humanisten« und den einzelnen Begebenheiten am Leitfaden von Valerianos Schrift »Über das Unglück der Gelehrten« hält er ein: »Gerne möchten wir hier mit einem anmutigen und versöhnlichen Lebensbilde schließen...«. Er ist am Ende des dritten von sechs Abschnitten, am Ende der »Wiedererweckung des Altertums« und genau in der Mitte des Werkes, als er mit einigen scheinbar leicht hingeworfenen Zügen das Porträt des Pomponius Laetus skizziert, des unabhängigen und bescheidenen Lehrers der Altertumskunde. Darin wollten manche ein Selbstporträt Burckhardts erblicken.

Denkt man sich für einen Moment die Komposition des Buches in der Form des architektonischen Ideals seines Autors, des Zentralbaus, so bildete dieses Porträt die zierliche Lanterna auf der Kuppel.

# *Die Kunst der Renaissance in Italien*

Der fragmentarische Text, der schließlich für eine mehrbändige Geschichte der Baukunst zur Veröffentlichung freigegeben wurde, ist deshalb so aufschlußreich, weil er einen Blick in die Werkstatt des Kultur- und Kunsthistorikers erlaubt. Die Darstellung nach Aufgaben und nach Sachen erläutert die genaue Planung, die der erzählerische Zug des redigierten Textes ein wenig verschleiert, in aller Offenheit. Die Querverweise sind so zahlreich, daß man das Werk gemeinsam mit der *Kultur der Renaissance in Italien* lesen muß. Nur so wird zum Beispiel der Anfang verständlich, der ein so sachliches Werk über die Architektur mit einer Erörterung des besonderen italienischen Ruhmsinnes beginnt. Entsprechend sind durch das ganze Werk hindurch Entdeckungen zu machen. Die *Kunst* bringt den Stoff herbei, der in der *Kultur* gedeutet wurde, und die *Kultur* beschreibt in einem ausgearbeiteten und doch leichten Stil, was die *Kunst* nur andeutet und auflistet.

Burckhardts Lieblingsidee, auf die sich auch eine seiner Zukunftsvisionen richtet, ist der Zentralbau. Im Kapitel von der Komposition der Kirchen gerät Burckhardt auf das Problem, daß die Renaissance mit Basiliken und gotischen Langkirchen unzufrieden war und doch nicht auf den antiken Tempelbau zurückgreifen konnte. Sie bedient sich antiker Formen ohne Rücksicht auf deren sakrale oder profane Herkunft. Darin ist sie produktiv, und Burckhardt schließt eine Kritik seiner eigenen Zeit an, die gerade darin unfrei und eng ist und ihm somit »die religiöse Unsicherheit« beweist. Anders die Renaissance:

»Wohl aber hat die Renaissance die höchste, allem Gotischen wesentlich überlegene kirchliche Bauform, den Zentralbau, bis nahe an die absolute Vollendung ausgebildet und einer künftigen Religiosität zum Vermächtnis hinterlassen.«

»Der Zentralbau ist das letzte im Reich der absoluten Bauformen wie der griechische Tempel das erste. Seine Möglichkeiten sind noch lange nicht erschöpft; es mag Zwischenperioden geben wie unser 19. Jahrhundert, welches das Pensum des 13. noch einmal aufsagen muß – immer von neuem wird jene große Aufgabe auftauchen, wobei die Versuche der Renaissance als unentbehrliche Vorstufen glänzend in ihr Recht eintreten werden.«

Für Italien war »die Bewunderung und der mythische Ruhm« des Pantheon wesentlich, daneben die hohe Stellung von S. Lorenzo in Mailand. Auch letzterer erscheint Burckhardt seinem Grundplan nach als ein »Palast- oder Thermenraum Maximian's des Herkulischen, um 300«, der später zur Kirche umgeweiht wurde. Der Zentralbau wird vom Mittelraum beherrscht; der verlangt die Wölbung und schafft allmählich die Hauptkuppel mit dem »lichtbringenden Zylinder« und der Kalottenform:

»Diese Bauweise in ihrer Vollkommenheit verwirklicht alle Ideale der Renaissance: absolute Einheit und Symmetrie, vollendet schöne Gliederung und Steigerung des Raumes, harmonische Durchbildung im Innern und Äußern ohne müßige Fassaden und die herrlichste Anordnung des Lichtes.« (*Kultur,* S. 684)

Burckhardt hatte, wie wir uns erinnern, das schlechte kulturhistorische Geltenlassen von allem und jedem aufgegeben. In der Kunst gelten absolute Werte. Und hier scheut er auch weder vor der Satire auf die eigene Zeit noch vor einem Blick in die Zukunft zurück. Das Stammeln der historistischen Architektur in gotischen Bauformen mußte er ablehnen. Es ist nicht nur kein einziger würdiger Kirchenraum dabei entstanden, sondern man bemerkte zugleich die politische Regression, die schlechte Romantik einer solchen Wendung nach rückwärts und die zur Schau gestellte Frömmelei. Und der Verweis auf eine »künftige Religiosität«, die sich des Zentralbaus bedienen wird, setzt wiederum die in Erstaunen, die Burckhardts Blicke in die Zukunft nur auf Katastrophen gerichtet glauben.

Andererseits weist er seinen alten Freund Kinkel zurecht, wenn der in waghalsigem Vergleich die Kuppel als Bauform mit der Despotie als Herrschaftsform in Beziehung setzt: »Ferner, daß die Kuppel der Despotie entspreche, ist lästerlich sowie der folgende

Preis von Kristallpalästen und Bahnhöfen, aber mit Euch Extra-Demokraten ist nicht zu reden, wenn Euch der Teufel einmal aufs Glatteis führt.« (*Briefe*, Bd. 6, S. 61) Gottfried Kinkel hatte die Kuppel als eine die Leiber und Gewissen zugleich beherrschende Form gedeutet, die zu Byzanz, Rußland und dem Islam gehöre. Sie vertrage sich nicht mit der Freiheit und finde sich deshalb auch im Norden nur unter Despoten. St. Paul in London sei unter Karl II. begonnen, Richelieu habe im überwundenen Paris den ersten Kuppelbau errichten lassen, so wie St. Peter in Rom die Macht des Papsttums darstelle. Und für die eigene Zeit seien die Bauten der Gleichheit die wirklichen Neuschöpfungen, Bahnhöfe aus Eisen und Glas und Kristallpaläste...

Wie beim Festwesen der Renaissance, so zeigt Jacob Burckhardt auch bei der Architektur einen besonderen Spürsinn für das Bewegliche und Flüchtige neben dem Monumentalen. Die Darstellung der Architektur klingt aus mit den Gärten, die als repräsentative und kunstvolle Schöpfungen zur Architektur zählten, aber ganz anderen Einflüssen und Wechselfällen ausgesetzt sind. Der architektonisch dominierte geometrische Garten gehörte in die Palastanlagen und zu den Villen. Aber während Bauten im Verfall abnehmen, können Gärten und Parkanlagen mehrere Jahrhunderte lang verfallen und doch prachtvoller und üppiger werden. So hatte es sich in Rom und bei den Villenanlagen Italiens ergeben. Die reisenden Engländer bewunderten das und versuchten, etwas von dem Malerischen in ihre Parkanlagen zu übernehmen. Etwas von den Gärten, wie sie geworden sind, nicht wie sie geplant waren, als sie den französischen Gärten noch sehr ähnlich sahen.

Der Teil »Dekoration« schließt mit einem bemerkenswerten Kapitel über die »Dekorationen des Augenblickes« und bezieht sich dabei natürlich auf die Darstellung der Feste in der *Kultur der Renaissance*. Wieder sind es die Florentiner, die diese Kunst am vollkommensten beherrschen und ein Metier daraus machen, so daß seit dem 14. Jahrhundert florentinische »Festaiuoli« als Dekorateure und Festregisseure in einem durch Italien reisen. Vom Triumphbogen und der Festskulptur, die in wenigen Tagen extemporiert wurde, geht es zum Theater, zum Feuerwerk und schließlich zum eßbaren Tischaufsatz.

Aber eines der beweglichen Elemente fehlt noch, und so fügt Burckhardt für eine spätere Auflage ein Kapitel über die Brunnenverzierung hinzu (§ 146a). Auch hier wird ein wenig Reue über das ursprüngliche Auslassen der Anlaß gewesen sein. Schließlich hat Burckhardt mit Bewunderung in den Landstädten die Mädchen zum Brunnen gehen sehen, bildete der Brunnen den lebendigen Mittelpunkt der Märkte und ganzer Städte. Wer je durch Rom spazierte, ist den Brunnen in Sommernächten verpflichtet, und Rom erinnert selbst bei der Verkümmerung vieler der alten Aquädukte mit dem Sammelbecken der Fontana di Trevi an den antiken Luxus im Herbeischaffen und Verwenden ungeheurer Wassermengen. Bestimmte Skulpturformen werden mit dem Wasser verbunden, der sehr stilisierte Delphin und der »von der Renaissance neu geschaffene Putto«. Steinerne Brunnenfiguren sind der allmählichen Zerstörung durch das bewegte Wasser ausgesetzt und deshalb nur selten erhalten. Aber die Renaissance entwickelte eine weitere Form der Verbindung von Skulptur und Brunnen, indem man Fontänen mit Bildwerken in Beziehung brachte, in den Gärten des Vatikan und in den Landvillen Italiens, durchaus mit bewußtem Rückgriff auf antike Schilderungen und Überreste, etwa in der Villa Adriana zwischen Rom und Tivoli.

Jacob Burckhardt hat damit das Feld kunsthistorischer Forschung erweitert, auch durch einen weiteren Zusatz, der die Gebäude auf Gemälden behandelt (§ 32a). Dazu gehören nicht nur die idealen Stadtansichten und nie gebaute ideale Räumlichkeiten, sondern auch, obwohl da nicht eigens aufgeführt, die Halle von Raffaels *Schule von Athen,* die an den Plänen der Peterskirche orientiert ist, sie aber offen zum Licht und zum Himmel hält, statt sie nach einem Baumodell wie fertig darzustellen. Im *Cicerone* kommentiert er mit einem Satz, unbekümmert um Probleme der Perspektive und Baugeschichte, das Wesentliche: »Man würde sich in einem solchen Gebäude so wohl fühlen!«

# *Prophetenamt und historische Prognose*

Historiker erzählen nicht nur, sondern sie urteilen. Stets war die Darstellung in der *Kultur* wie in der *Kunst der Renaissance* von fast versteckten Hinweisen begleitet, die um Verständnis für das werben, was dem modernen Betrachter fremd ist oder durch Vorurteile verstellt. Das nennt man Hermeneutik, Sacherschließung zum Textverständnis. Aber im Gegensatz zur Hermeneutik, die an unbefragten autoritativen Heiligen Schriften und Gesetzbüchern entwickelt wurde, haben es der Historiker und der Kunsthistoriker mit Werten zu tun, die sich wandeln. Hier die großen Werke zu erkennen und die Werte zu setzen, erkannte Jacob Burckhardt als seine Aufgabe in den Wechselfällen der Geschichte.

Um es dem Leser unterhaltsam und anschaulich zu machen, fügt er gelegentlich einen Vergleich mit der Moderne ein. Wenn er von den Aquädukten Roms spricht und dem ungeheuren Wasserluxus dieser Stadt, die sich auf neunzehn steinernen Leitungen weit aus den Gebirgen das belebende und erquickende Element nicht nur zum häuslichen Gebrauch heranführt, sondern zu unzähligen Zierfontänen und großzügigen Badeanlagen, läßt er den damals modernen reisenden Geschäftsmann sprechen, der solchen unökonomischen Aufwand beklagt. Und er antwortet ihm auch gleich selbst: »Hierauf läßt sich schlechterdings nichts anderes erwidern, als daß die Weltgeschichte einmal ein solches Volk hat haben wollen, das allem, was es tat, den Stempel des Ewigen aufzudrücken versuchte, so wie sie jetzt den Völkern wieder andere Aufgaben vorlegt.«

Das ist ein didaktisches Hilfsmittel. Man gelangt nicht unmittelbar aus der Welt des Erwerbstriebs, des Nutzens und Rechnens in eine der wenigen Kulturlandschaften, die in der Lage gewesen sind, neben der Sorge für ihren Unterhalt der Nachwelt Werke zu hinterlassen. Nach dem Schreiben der *Kultur der Renaissance* ist es Burckhardt manchmal etwas unheimlich geworden, ob man mit dem Individualismus und dem modernen Ruhmsinn so viel erklären könne, wie er ihnen aufgebürdet hat. Aber mit dem Erklären tut sich die Geschichtswissenschaft sowieso schwer. Sie hat es, um der Würde des Menschen willen, mit einzigartigen Konstellationen zu tun. Nie muß etwas so und nicht anders werden, da sich die verursachenden Bedingungen nie isolieren und noch weniger experimentell ausprobieren lassen.

Wenn er verkannte Werke »rettet« – um Lessings Begriff zu gebrauchen –, so tut er es klar und unprätentiös, etwa bei Piero della Francescas damals noch wenig gewürdigten Fresken in Arezzo, in diesem Fall gegen Karl Friedrich von Rumohr, der sich im übrigen genügend Verdienste um die Kenntnis der italienischen Malerei erworben hatte. Deutlich revidiert er auch eigene Fehleinschätzungen, etwa in der *Kunst der Renaissance* sein jugendliches Verkennen der Certosa di Pavia. Ein wenig härter und bei aller Umgänglichkeit seiner Formen unerbittlich wird er, wenn er Stein gewordene Irrtümer anprangert wie die neugotischen Scheußlichkeiten ohne Herz und Seele, die das 19. Jahrhundert allenthalben bewußt reaktionär gegen die Moderne baute.

Als er erschöpft vom Ausarbeiten der *Kultur der Renaissance* den Rest der Ferien zur Erholung nutzen will, vermeidet er Italien. So reist er zum erstenmal nach London, aus historischer Verpflichtung, ein führendes Land der europäischen Geschichte in Augenschein zu nehmen und natürlich, um die Schätze der Museen zu betrachten. Einige der besten Beispiele italienischer und niederländischer Malerei, einige der schönsten Lorrains und Velasquez' und seit Beginn des 19. Jahrhunderts mit dem Parthenonfries das bedeutendste zusammenhängende Werk griechischer Skulptur aus der besten Zeit. Aus dem Britischen Museum berichtet er nach Hause: »Beim Anblick der echten griechischen Sachen, die zwei enorme Säle füllen, lief der Schweiß über mich.« Da findet eine Begegnung statt, die schon unter dem neuen Ziel einer Vorlesung zur griechischen Kulturgeschichte steht.

Auf der Rückreise von London gönnt er sich in Paris »zehn bequeme Tage«. Er mustert mit anderen Augen wieder die Sammlungen des Louvre, und er ist nach der eingezogenen Zeit des Schreibens auf der Suche nach literarischen Neuigkeiten. Er findet keine bemerkenswerten, und das ist ein Anlaß zu unserer Überraschung. Schließlich waren Baudelaires *Fleurs du mal* und Flauberts *Madame Bovary* herausgekommen und hatten neben der literarischen Öffentlichkeit auch die Staatsanwälte beschäftigt. Vielleicht war das noch zu neu, zu skandalbeladen, um sich dem ruhigen Genuß darzubieten. Aber einige Zeit später wird in den Briefen der Apotheker Homais als Typus der Zeit genannt und sofort auch Interesse an der inzwischen erschienenen *Education sentimentale* bekundet. Abgestoßen von der Nichtswürdigkeit des öffentlichen Lebens unter Napoleon III., entdeckt Burckhardt im Gegenzug eine französische Kultur des Privatlebens, der die deutschsprachigen Länder nichts zur Seite stellen können.

Er reist nicht als Journalist oder Verlagsagent, um Neuigkeiten aufzuspüren. Aber wenn er durch Paris flaniert und an den beiden bedeutendsten literarischen Erscheinungen des Jahrhunderts vorübergeht, ohne sie zu bemerken, wird man etwas stutzig. Wer so viel richtig gesehen hat wie Burckhardt, ist dabei in Gefahr, der Rache des Kritikers anheimzufallen, der nun nach schwachen Stellen sucht. Das ist ohne Belang. Historiker haben ein Recht auf eine zeitliche Distanz, und wer so tief in ausgebildeten Kulturen vergraben war, um sie zu neuem Leben zu erwecken, darf sich gewiß für die Herausforderungen der Moderne ein wenig Zeit lassen. Die Frage ist, ob er sich von Äußerem abschrecken ließ, so wie ihm die schweizerischen Unruhen mit dem »Brüllradikalismus« im Kleinformat für manche Züge der Französischen Revolution den Blick verstellt haben.

Nach der fast ausschließlichen Versenkung in eine Kultur der Vergangenheit ist aber auch langsam eine sozusagen historisch gereifte Neugier an der modernen Welt festzustellen. Das geht mit dem wachsenden Verfügen über geschichtliches Vergleichsmaterial einher, mit der erneuten Aufnahme der Vorlesung *Über das Studium der Geschichte* und der bewußten Einnahme der Position des politischen Beobachters, der das Ausgreifen Preußens auf Deutschland mit gesundem Mißtrauen verfolgt. Während Burckhardt für seine Zeitgenossen der geistvolle Historiker und einer der ersten Kunsthistoriker gewesen ist, wurde er mit der postumen Veröffentlichung der *Weltgeschichtlichen Betrachtungen* und der Briefe (vor allem derer an Friedrich von Preen) im 20. Jahrhundert zum Propheten. Aus der Menge der Historiker, die den Fortschritt rühmten und sich vor der rechtsverletzenden »Realpolitik« Bismarcks und dem machtlüsternen Auftreten des Militärstaats Preußen geistig in den Staub warfen, erhebt sich einsam die Gestalt des alten Jacob Burckhardt, der in der Zukunft die Kasernierung des Privatlebens, die Militarisierung alles Daseins und den Militärstaat als industriellen Großfabrikanten sieht, der alle Kultur unter sich niederwalzt.

Deutlich und entschieden werden die Aussagen mit dem deutsch-französischen Krieg 1870/71. Hier erweist es sich, daß der Kulturhistoriker zur Erfassung und Deutung der Symptome auf ganz andere Bereiche und geschulte Sensorien zurückgreifen kann als der politische Historiker, der sich damals noch dazu in der Regel als begeisterter Dilettant in Schlachtenschilderungen und den diplomatischen Geplänkeln davor und danach gefiel. Burckhardt hat Erfahrung mit Krisenzeiten der Geschichte. Er bedarf nicht geheimer Staatsarchive und ungedruckter Materialien, um zu erkennen, daß es sich nicht um die endlich dem mißgünstigen Gegner abgerungene Vollendung der deutschen Einigung handelt. Er sieht mit klarem Blick, wozu die Quellenforscher sehr lange brauchen werden, daß der preußische Staat, den er vor 1848 von innen kennengelernt hatte, mit seinen sozialen Problemen nicht fertig wird. Um von der Unfähigkeit im Innern abzulenken, die mit falschem Prunk, moderner Technik und restaurativen Formen der Politik übertüncht wurde, schlägt dieser Staat nach außen. Und dabei schafft er sich eine Gefährdung, die ihn selbst ebenso wie seine Gegner zu einer Perpetuierung des Belagerungszustandes, zu einer ständigen Mobilmachung zwingt.

Was sein junger Kollege Friedrich Nietzsche, nicht ohne Burckhardts prägenden Einfluß, in der sonst eigenartig verschwommenen Schrift *Ueber die Zukunft unserer Bildungsanstalten* 1873 hart benennt, bewegt Burckhardt schon seit dem September 1870. Nietzsche spricht von dem »Irrtum der öffentlichen Meinung und aller öffentlich Meinenden, daß auch die deutsche Kultur in jenem Kampfe gesiegt habe. Dieser Wahn ist höchst verderblich (...) weil er imstande ist, unseren Sieg in eine völlige Niederlage zu verwandeln: die Niederlage, ja Exstirpation des deutschen Geistes zugunsten des ›deutschen Reiches‹«. Burckhardt schreibt schon im September 1870 an Friedrich von Preen: »Frankreich soll die Hefe des Elends und der Zerrüttung kosten... besorgt man denn gar nicht daß die Pestilenz, an welcher der Besiegte laboriert, auch den Sieger anstecken möchte? Diese furchtbare Vollständigkeit der Rache hätte doch ihre (relative) Berechtigung nur wenn Deutschland wirklich der so völlig unschuldige und rein angegriffene Teil wäre wie man vorgibt. (...) Es ist ein neues Element in der Politik vorhanden, eine Vertiefung von welcher frühere Sieger noch nichts gewußt, wenigstens keinen bewußten Gebrauch gemacht haben. Man sucht den Besiegten möglichst tief *vor sich selbst* zu erniedrigen, damit er sich künftig nicht einmal mehr etwas Rechtes zutraue.«

Zur gleichen Zeit äußert Burckhardt sich bei Gelegenheit des Dichters Eduard Mörike über den Zusammenhang von Politik und Kultur, wie es ihm aus den Gedanken zu seiner Vorlesung geläufig war: »Man kann nicht ein kulturell bedeutendes Volk sein wollen und zugleich politisch bedeutend. Deutschland hat jetzt die Politik zu seinem Prinzip gemacht, es wird's nun tragen müssen. O wie werden den gelehrten Herren, die jetzt diesem Preußentum zujubeln, wie werden ihnen einst die Augen aufgehen, wenn sie sehen müssen, welche Geisteswendung Deutschlands vom Jahr 1870 an datiert!«

Den gelehrten Herren sind die Augen oft nicht aufgegangen. Durch Ausblendung der Kultur scheinen viele Historiker diese Wendung gar nicht bemerkt oder allenfalls als Nebenkosten für den vermeintlichen politischen Hauptgewinn verschmerzt zu haben. Burckhardt äußert seine Prognosen ziemlich spontan. Sie enthalten natürlich die Summe seiner historischen Erfahrung vor allem im Umgang mit Epochen der Krise und des Niedergangs. Er selbst entschuldigt diese Neigung dem Freunde gegenüber: »Sie wissen, ich hatte immer die Torheit des Weissagens, und bin schon erstaunlich damit angelaufen, aber ich muß mir diesmal doch ein Bild machen von dem was man vorzuhaben scheint.« (27. 9. 1870)

Im Herbst 1871 hält Burckhardt einen öffentlichen Vortrag *Über Glück und Unglück in der Weltgeschichte,* den er auch brieflich dem

Freunde charakterisiert: »worin ich mit so gelinder Manier als möglich die Unschicklichkeit des Terminus ›Glück‹ bei großen Proportionen erörtern und so versöhnlich und tröstlich schließen werde als ich kann. Wenn man die Leute in Schrecken setzt, so gewinnt man sie nicht und die Frechern und Gescheidtern lachen Einen aus.« (12. 10. 1871) Daß Völker und Zeitalter nicht glücklich sein können, und es vor allem dann nicht sind, wenn wir es aus ihren prächtigen Kunstwerken glauben erschließen zu dürfen, ist eine Binsenweisheit. Trotzdem ist die Versuchung immer wieder stark, unsere Gefühle nicht nur auf einzelne, die es ja für sich bekunden mögen, sondern auf kollektive und abstrakte Wesenheiten zu übertragen.

Jacob Burckhardt hat früh die Erfahrung eines hohen geistigen Glücks gemacht, nicht nur bei Studien und im Genuß von Werken, sondern bei der Entdeckung italienischer Landschaft und Kultur. Daneben schien ihm das Leben manches Glück zu verwehren, das man zur Grundausstattung rechnet. Es wäre unsinnig, hier mit dem vulgärpsychologischen Strickmuster von Ersatz und Kompensation zu operieren. Damit kommt man an außerordentliche Begabungen und Werke nicht heran. Der Biograph mag aus Andeutungen erschließen, daß er als junger Mann einmal zurückgewiesen wurde und daß er dann seinerseits, aus Stolz und aus dem Bewußtsein eines der geistigen Arbeit gewidmeten Lebens, die sogenannten guten Partien mit wohlhabenden Schwiegervätern aus dem Kreis der Basler Patrizierfamilien verschmähte. Manche Werke vertragen sich nicht mit den Kompromissen des Privatlebens.

Die Vorstellung von einem bleibenden Glück gehört dem Märchen an und dem auch nur, wenn es zu Ende geht. So löst Burckhardt die irrtümliche Idee von historischem Glück auf in bewegte und in stillgestellte Völker und Zeiten. Behutsam lehrt er den Hörer von seiner eigenen Lebenserfahrung her, Distanz zu kurzschlüssigen Urteilen aus Parteimeinung und Fortschrittsgläubigkeit über vergangene Perioden der Geschichte zu nehmen. Der Egoismus kann so wenig wie der Optimismus als Kompaß durch die Weltgeschichte dienen. Nur wer den einzelnen ernst genug nimmt, kann von den unsinnigen Abstraktionen, in deren Namen Unrecht getan wird, Abstand gewinnen. Und nur so ist auch ein Blick auf das

Ganze möglich, um dessentwillen wir alle nach seiner Auffassung da sind. Was er dem Augustinus zugute hält, ein »freieres Taxieren des Irdischen«, ist auch seine Haltung, die in der Lektüre Schopenhauers Bestätigung gewann.

Pessimistische Klage über den Zustand der Welt liegt ihm fern. Man ist Historiker, weil man an den Geschicken des Menschen und der Menschen Anteil nimmt. Die Zeit scheint ihm härter geworden als während seiner Jugend. Die Eingriffe des Staates und der Industriegesellschaft in das Leben des einzelnen sind brutaler als die der Natur. Die moderne Verrechnung, daß die Leiden und Opfer für einen Zweck, für einen besseren Zustand hier und jetzt zu bringen seien, erscheint ihm trügerischer als die Paradieseshoffnungen im Mittelalter. Wenn die Betrachtung der Geschichte etwas lehren kann, dann »die Blindheit unseres Wünschens«. Was er dagegen ersehnt, ist die Objektivität anschauender Erkenntnis:

»In einer Zeit: da der täuschende Friede jener dreißig Jahre, in welchen wir aufwuchsen, längst gründlich dahin ist und eine Reihe neuer Kriege im Anzug zu sein scheinen ... – würde es ein wunderbares Schauspiel, freilich aber nicht für zeitgenössische, irdische Wesen sein, dem Geist der Menschheit erkennend nachzugehen, der über all diesen Erscheinungen schwebend und doch mit allen verflochten sich eine neue Wohnung baut. Wer hiervon eine Ahnung hätte, würde des Glückes und Unglückes völlig vergessen und in lauter Sehnsucht nach dieser Erkenntnis dahinleben.« (*Studium*, S. 245 f.)

Es ist kein schlechter Tausch, die unmögliche Erkenntnis des Glücks gegen das Glück des Erkennens einzuwechseln. Und die Frage ist nicht, ob der Historiker überhaupt wählen kann, ob er *in* seiner Nation oder *darüber* seinen Standpunkt suchen soll. Um zu erkennen, muß er Abstand gewinnen und das Ganze ins Auge fassen. Vor der soeben zitierten Schlußformel folgt ein behutsamer Übergang von der falsch gestellten Frage zur richtigen Einsicht: »Wir sind unmerklich von der Frage des Glückes und Unglückes auf das Fortleben des Menschengeistes geraten; dieses, wie es *in* der Geschichte und *durch* sie bewußt wird, muß allmählich die Blicke des Denkenden fesseln, und die allseitige Ergründung und Verfolgung desselben muß seine Anstrengung derart in Anspruch nehmen, daß die Begriffe Glück und Unglück daneben mehr und mehr ihre Bedeutung verlieren.«

Wenn Burckhardt Kriege in seiner Zukunft ahnt, so nicht deshalb, weil er auch nur ein fachmännisches Vergnügen daran hätte oder weil er gar wollte, daß es so komme. Trotz mancher Fehlgriffe in der Konkretisierung von Daten und Fakten bei seiner »Torheit des Weissagens« hat Burckhardt für die Leser in der ersten Hälfte des 20. Jahrhunderts auf schreckliche Weise recht behalten. Und in seinem Blick auf die Zukunft, den er nicht als Historiker vom Fach in der kalkulierten Prognose aus statistischen Datenreihen gewinnt, sondern wie ein Prophet des Altertums in der bürgerlichen Verkleidung des Basler Professors, wird er zu einer geistigen Macht Europas gegen den Betrieb von militärischer »Macht und Götzen und Geld«. (*Historische Fragmente,* Nr. 84)

Wenn Burckhardt den Militärstaat zum Großfabrikanten werden sieht, so kann er das gar nicht großartig finden. So wenig er seine Zukunftsahnungen veröffentlicht und sie nur probeweise dem vertrauten, politisch erfahrenen Freund zur Prüfung in privaten Briefen vorlegt, so wenig er den bescheidenen Einfluß seiner Persönlichkeit und seines Lehramtes zu überschätzen geneigt ist, hier wird er klar und sogar kämpferisch. Was er verteidigt, ist die Kultur der einzelnen, die Bildung Europas. Sie war in dem politisch schwachen und dadurch für den Frieden Europas heilsamen Zustand des vielgegliederten Mitteleuropa der geistige Zusammenhalt der Nation. Und das drohte nun wegzubrechen, überrollt zu werden. Nicht nur von außen durch die mechanische Macht, sondern ebenso von innen durch die Unterwerfung derer, die bisher ein anderes Prinzip vertraten. Die naiven Geschichten des 19. Jahrhunderts, die Historiker in den vergangenen Jahren auf den Markt warfen, waren unfähig, diese Dimensionen zu ermessen.

Burckhardt geht verbindlich, fast spielerisch auf sein ernstes Thema zu: »Nicht wahr, all unser Tun ist jetzt als beliebig, dilettantisch, launenhaft in einen zunehmend-lächerlichen Kontrast geraten zu der hohen und bis in alles Detail durchgebildeten *Zweckmäßigkeit* des Militärwesens? Letzteres muß nun das Muster alles Daseins werden.« Das gelte für die Verwaltung, für das Schul- und Bildungswesen und für die industrielle Produktion: »ich habe eine Ahnung, die vor der Hand noch völlig wie Torheit lautet (...). Jene Menschenanhäufungen in den großen Werkstätten dürfen nicht in Ewigkeit ihrer Not und ihrer Gier überlassen bleiben; ein bestimmtes und überwachtes Maß von Misere mit Avancement und in Uniform, täglich unter Trommelwirbel begonnen und beschlossen, das ist's was logisch kommen müßte.« (26.4.1872)

Es ist heute glücklicherweise gar nicht so einfach, sich das Entsetzen vorzustellen, mit dem Leser in der ersten Hälfte des 20. Jahrhunderts auf solche Briefstellen stießen. Da hat einer lange vorher und ohne selbst involviert zu sein, das geahnt und ausgesprochen, was das Leben von Millionen von Menschen gewaltsam aus ihrer Bahn reißen und oft genug beschädigen, erniedrigen und frühzeitig beenden sollte. Warum sahen es andere nicht? Wie konnte einer so deutlich in die Zukunft schauen? Läßt sich die »mnemische Funktion«, mit der einer das Festwesen der Renaissance ahnt, auch auf die Zukunft richten? Und neben den Prognosen stehen Diagnosen: »die Abnahme der geistigen Spontaneität in Deutschland«, als »Weissagung« zwei Jahre zuvor geäußert, scheint ihm schon greifbar in dem »Gründertum« und »horrenden Luxus«.

Die »Torheit des Weissagens« ist so wenig zuverlässig wie das Deuten der Zukunft aus dem Kaffeesatz. Man kann es nicht lernen oder lehren, aber es drohen stets genügend Katastrophen und der naive Optimismus ist immer noch so verbreitet, daß man damit Erfolg haben kann, wenn man die Daten und Ereignisse nicht zu sehr präzisiert. In der Geschichtswissenschaft ist jedenfalls Vorsicht geboten, und das sogar bei der Erörterung früherer und vermeintlich eingetroffener Prognosen. Die Texte sind um so eindrucksvoller, je allgemeiner sie die künftigen Umwälzungen beschreiben. Man darf sich dabei nicht durch Worte täuschen lassen. Begriffe wie »Despotie«, »Revolution«, »Sklaverei« und »Freiheit« sind von verführerischer Unschärfe in bezug auf konkrete politische Situationen.

Der heutige Leser macht die Erfahrung, daß viele politische Studien aus der ersten Hälfte des 20. Jahrhunderts bei den Themen Tyrannei und Utopie historisch blind verfahren, weil sie durch die aktuelle Politik traumatisiert sind. Er hat dann allen Grund, mit seiner Lage ein wenig zufrieden zu sein, weil sie ihm mehr Distanz der Beobachtung und vielleicht sogar Freiheit des Urteils gewährt. Man ist heute beklommen, wenn man sieht, wie die Ohnmacht, sich der Realität zu erwehren, zu einem Herbeischleppen düsterer Prognosen aus der jüngeren Literatur motivierte. Das mögen etwa einige Seiten von Heine oder Dostojewski, von Burckhardt oder Nietzsche sein, wobei nie analysiert oder begründet wird, in welchem Zeitabstand und in welchem Ausmaß und an welchem Ort sie prognostische Geltung beanspruchen können. Ist zum Beispiel Burckhardts Prognose des durchorganisierten Militärstaats Preußen-Deutschland mit dem Austritt Preußens aus der Geschichte 1945 glücklich erledigt? Manche Menschen haben bemerkenswerte Sensorien für Prognosen mit Zeitangaben. Schüler Aby Warburgs erzählen, wie Warburg bei der Einweihung des Bibliotheksgebäudes 1929 den Senator beiseite nahm und ihm eröffnete, was in fünfzehn Jahren noch übrig sei, wenn Hamburg zerstört sein würde. Die Bombardierung Hamburgs erfolgte im Jahre 1944.

Das detaillierte Ausmalen eines künftigen Zustands der Welt und der Zivilisation mißlingt in aller Regel. Die technologischen Veränderungen konnte sich niemand präzise vorstellen und schon gar nicht in ihrer jeweiligen Zeitbegrenzung. Der Mensch ist auch ohne besondere Katastrophen sterblich. Und seine Anpassungsfähigkeit an noch unbekannte Außenbedingungen ist ebenso schwer zu berechnen wie die Veränderung von Reizschwellen. Die Eigenschaften, die sich beim Überleben in schwierigen Zeiten herausbilden, scheinen sich unter geänderten Bedingungen sehr rasch wieder zu verlieren. Was eben noch der Gipfel einer durch Kraft und Willen hervorgebrachten Leistung war, kann sehr bald antiquiert sein, weil es keine Verwendung dafür gibt.

Goethe, der ein leidenschaftlicher Beobachter der Geschichte war, machte einmal die Bemerkung, daß die künstlerischen Produktionen in Deutschland nach den Freiheitskriegen insgesamt so schwächlich seien. Er erwog, daß vielleicht die große Anstrengung, Napoleon loszuwerden, alle Kraft erfordert habe. Er dachte natürlich an die Literatur und an die Malerei, und da hat er weithin recht behalten. Die Musik schien anderen Gesetzen zu gehorchen und damals nicht den Einflüssen des öffentlichen Bewußtseins zu unterliegen. Was als Aperçu im vertrauten Gespräch oder in brieflicher

Mitteilung sinnvoll ist, wird verallgemeinert als historische Aussage schnell frevelhaft und gemeingefährlich. Wo es sich nicht um statistisch erfaßbare Mengen und um kontrollierbare Schlußfolgerungen handelt, wird leicht historisches Unrecht daraus. Wo es mehr als ein Spiel sein will, gerät es in das Gefolge der von Burckhardt verabscheuten »schrecklichen Vereinfacher«, »terribles simplificateurs«.

Die Welt wandelt sich. Was den einen als grauenvoll erschien, sehen andere als Bedingung ihres Glücks an, und beide können sich täuschen. Gesamtbilanzen über das trügerische Gefühl von Glück und Unglück in vergangenen Zeiten sind nicht möglich. Wir vermögen kaum, uns über unser eigenes Leben und den Perspektivenwechsel in der Rückschau Rechenschaft abzulegen. Mit dem Unglück, das wir empfanden, kann ein Glück verbunden sein. Und Erkenntnis gibt es nicht umsonst.

# *Die Bilder der Geschichte*

Jacob Burckhardt hat den Umgang des Historikers mit den Werken der Kunst entscheidend verändert. Wer mit der Geschichte beschäftigt war, suchte als Quellen Texte und Überreste. Befand sich ein Kunstwerk unter diesen Überresten, so interessierte sich eher der Kenner und Sammler als der Historiker dafür. Wenn etwa eine Statue schön und vollkommen erschien, so bestätigte das zunächst einmal die hohe Meinung, die man von dieser Zeit sowieso schon hatte, und war sie plump und unvollkommen, so mußte sie für Zeiten des Anfangs oder des Niedergangs Zeugnis ablegen. Jetzt werden Bilder und Bauten wie Werke der Literatur und der Musik als kostbare Quellen zum Verständnis einer vergangenen Epoche erkannt. In dem Maße, wie wir selbst in der Lage sind, ein Werk der Kunst aufzufassen, erfahren wir etwas über die Gefühle und Gedanken nicht nur des individuellen Künstlers, wie in einem Brief oder einer Aufzeichnung, sondern wir erfahren etwas über sein Zeitalter.

Ein Werk ist objektiv und kann etwas über die Spannungen seiner Epoche aussagen. Wenn die Stadt Paris, in die Burckhardt seine Kunstreisen unternahm, von Charles Baudelaire in seiner Gedichtsammlung *Les Fleurs du mal* geschildert wird, dann nicht so wie in einem Reiseführer, der die Sehenswürdigkeiten aufzählt. Baudelaire zeigt die Wunden und den Schmerz beim Niederreißen ganzer Stadtteile und dem Neuaufbau unter dem Präfekten Haussmann, das soziale Elend, die Ungleichheit und die Umkehrung der Repräsentation. Die Gedichte stellen nicht die Bankiers und Grundbesitzer dar, sondern sie finden die Würde zur symbolischen Repräsentation bei den Bettlern und den alten Weibern, bei Trinkern und Liebenden. Und Baudelaire erweist sich damit nicht als reaktionärer Gegner des modernen Städtebaus und seiner Investitionsformen, sondern als Dichter.

Thomas Morus stellt in seiner Schrift *Utopia* (1516) der eigentlichen Schilderung seiner glücklichen Insel zwei scharfsichtige und erstaunlich moderne Analysen von Mißständen voran, die ihn zum utopischen Entwurf motivierten. Er stellt einmal die zerstörerische Außenpolitik des damaligen französischen Hofes dar, der in immer neuen Feldzügen und um die Wette mit Spanien und Habsburg die italienischen Kleinstaaten verwüstet. Und dann beschreibt er die sozialen Ursachen von Kriminalität, da die englischen Grundbesitzer die armen Bauern von ihren Höfen vertreiben, um auf großen Weideflächen, den »Enclosures«, gewinnbringende Schafzucht zu betreiben. Das gefällt vielen Wirtschaftshistorikern gar nicht, da sie diese Entwicklung für erfolgreich halten und mit der Kritik so lange warten, bis es später, etwa bei den Industriearbeitern Englands im 19. Jahrhundert, sehr viel schlimmer wurde. In die Kritik der französischen Außenpolitik um 1500 stimmen englische Historiker leichter ein, während französische sie doch lieber verteidigen möchten... Es ist, wie man sieht, trotz hilfreicher Literatur gar nicht so leicht für Historiker des 20. Jahrhunderts, das Niveau eines Humanisten aus dem Freundeskreis des Erasmus von Rotterdam zu erreichen, die Schärfe seiner Analyse und die Unabhängigkeit seines Urteils.

Um die Entdeckung der Landschaft auf den Altarbildern des 15. Jahrhunderts oder die Individualität bei den Porträts zu bemerken, bedarf es nicht der außerordentlichen Sensibilität Jacob Burckhardts. Der besondere Spürsinn oder das, was Aby Warburg die »mnemische Funktion« nennen sollte, erweist sich bei der Würdigung der flüchtigen Schöpfungen zur Festdekoration oder des zielsicheren Herausgreifens einer antiken Gebärde aus einem Sarkophagrelief späterer Zeit und geringeren Ranges durch einen Künstler der Renaissance.

Es ist aus politischen Reden in ciceronianischem Latein nicht so leicht zu entscheiden, ob der Bürgerhumanismus der florentinischen Staatssekretäre bei der Verteidigung der republikanischen Freiheit gegen Übergriffe der Tyrannen von Mailand so neu und eigenständig war. Hans Baron hatte diese Strömung politischer Literatur entdeckt und ihr Herausarbeiten zu seiner Lebensaufgabe gemacht. Daß aber der Künstlerhumanismus in Florenz in dieser

Zeit der ersten Jahrzehnte des 15. Jahrhunderts die Menschendarstellung völlig verwandelte, ist aus den Fresken von Masaccio, Masolino und Filippino Lippi in der Brancacci-Kapelle überwältigend deutlich. Burckhardt rühmt in Masolinos »Eva« »eine der ersten ganz schönen nackten Frauengestalten der modernen Kunst«, und in Masaccios »Vertreibung von Adam und Eva aus dem Paradies« die »vollkommene Linienführung zweier nackter und bewegter Gestalten. Und zu ebendieser Zeit entwarf Brunelleschi die freie Wölbung der Domkuppel und Ghiberti die Reliefs für die Bronzetüren des Baptisteriums.

Vor einiger Zeit hörte man regelmäßig die besorgte Frage, ob das nicht Kunst für die Wenigen oder gar ein elitärer Luxus gewesen sei. In diesem Falle und in anderen aus produktiven Kunstepochen glücklicherweise nicht! Diese Werke wurden für alle geschaffen und auch von allen beurteilt und geschätzt. Im Falle der Bronzetüren des Baptisteriums in Florenz sogar durch eine öffentliche Ausschreibung mit Probearbeiten, wobei einmal nicht der Falsche durch die Gunst der Jury oder ein Machtwort obsiegte, sondern Ghiberti mit der besseren Arbeit, was Brunelleschi, der auch eher Architekt als Bildhauer war, mit einer ehrenwerten Probe seines Könnens auf dem zweiten Platz durchaus anerkannte. Der ganz jung verstorbene Masaccio ist bei den Fresken nicht etwa, wie man lange annahm, der Schüler des etwas älteren Masolino, sondern derjenige, der ihn herausfordert zu höheren Leistungen. Und Donatello mußte die Erfahrung machen, daß es für seine Kunst besser ist, die Stadt Padua, wo man ihn lobte, wieder zu verlassen, um nach Florenz, wo man ihn tadelte, zurückzukehren.

Jacob Burckhardt wollte die anekdotische und biographische Darstellung der Kunst nach den Lebensgeschichten der Künstler, wie sie seit Vasari betrieben wurde, hinter sich lassen. Statt diesem »Käs der Künstlergeschichte« wollte er eine Darstellung der Kunst nach Sachen und Aufgaben liefern, worin die Werke in ihrem objektiven Zusammenhang und in der Entwicklung künstlerischer und auch technischer Problemstellungen erscheinen. Die *Kunst der Renaissance* war eine Übung in dieser Objektivität, und im Alter hat er nach seinen umfangreichen Notizen einzelne Kapitel über das Porträt, das Altarbild und die Sammlungen sowie zur Skulptur der

Renaissance ausgearbeitet. Die sachliche Fundierung sollte keineswegs das Urteil suspendieren, wie es in der neueren Kunstgeschichte gern getan wird. Sie sollte die Willkür und die falsche Andacht bei Betrachtung einzelner Werke ausschließen und jeweils die Anschauung der gesamten Gattung oder Art, der das Werk zugehört, vermitteln. Wer Hegel gelesen hat, erinnert sich vielleicht, daß dort die Idee als »Art« bestimmt wird. Burckhardt hat das gewiß nicht gelesen, aber er hatte die Fähigkeit, das Ideale in der Reihe seiner Erscheinungen zu sehen und zu merken, wenn die Aufgabe vollkommen gelöst wurde.

Da hatte er als »verrotteter Kulturhistoriker« eine »langsame ganze Wendung gemacht«, um von dem »allgemeinen falsch-objektiven Geltenlassen von Allem und Jedem endlich frei und wieder recht intolerant zu werden«. Diese Freiheit bedeutet nur dem Schwachen und dem Mißlungenen, dem Gewollten oder dem Pathetischen gegenüber Intoleranz. Nicht einmal dem Ordentlichen, Zweitrangigen, das doch noch eine Ahnung vom Besseren bewahrt und Anleihen beim Gelungenen gemacht hat. Als der junge Wölfflin sich bei seiner etwas engen Perspektive über die vielen ähnlichen und wiederholten Bildmotive beklagt, erteilt ihm Burckhardt doch einen freundschaftlichen Rüffel. Wenn er erst wieder im Norden sei, werde er sich sehnen nach Werken des zweiten Ranges, deren Meister noch etwas von Raffael oder Leonardo erspäht und gerettet hatten.

Glänzende Bilder deuten nicht auf glänzende Zeiten. Es ist ein modernes Vorurteil, daß in bedrohlichen Zeiten manieristisch oder expressionistisch gemalt werden müsse. Ein Ereignis wie die große Pest 1348 hat nicht nur weite Teile der Bevölkerung hingerafft, sondern gerade auch unter den Schichten gewütet, denen die Künstler und Humanisten entstammten. Es dauerte ein halbes Jahrhundert, bis wieder Leute von sich reden machten. Was dann aber geschaffen wird, sind der »schöne Stil« im Europa um 1400 und ein großer Stil in Florenz.

Burckhardt überließ es den Wirtschaftshistorikern, darüber zu rechten, ob Lorenzo de' Medici seine Zeit besser zur Rettung des Bankhauses angewandt hätte, statt die Künste zu fördern. Sein Taxieren orientiert sich an anderen Werten. Seine Vision der Geschichte beansprucht nicht ein bescheidenes Nebenfeld außerhalb und allenfalls zur Spiegelung der Haupt- und Staatsaktionen. Der Mensch ist gegenwärtig in der Kultur, die seine Gesellschaft hervorbringt und aufrechterhält. Dazu gehören Bankoperationen und kommerzielle Tätigkeiten, Werke der Frömmigkeit und der Verwaltung. Es bleiben Eingriffe in die Landschaft, es bleiben Erinnerungen und gelegentlich Formen der Gesittung, vor allem aber bleiben Werke des Geistes und der Kunst. Sie bedürfen der Arbeit der Vergegenwärtigung und des Verstehens, um Gegenstand des Genusses zu werden. Ein Vorbeilaufen und Anstarren, eine Kenntnis seiner äußerlichen Daten und der darüber abgegebenen Urteile reichen nicht aus, und ebensowenig ein schwärmendes Bewundern.

Werke des Geistes fordern den Geist heraus, die Arbeit des Künstlers will durch eine eigene Arbeit des Verstehens erschlossen werden. Hier ist der Historiker, der nur seine These beweisen und seine Neugier befriedigen will, fehl am Platze, auch dann, wenn er sich Kunsthistoriker nennt. Jacob Burckhardt hat eine große Scheu davor gehabt, Historiker oder gar Kunsthistoriker auszubilden. Er hatte eine Ahnung von der Verantwortung, die man damit auf sich lädt. Das war einer von mehreren Gründen, warum er den ehrenvollen Ruf auf Rankes Berliner Lehrstuhl ablehnte. Er wollte Bildung vermitteln, den verständnisvollen Umgang mit Werken der Kunst und mit einer Anschauung der Geschichte. Deshalb war ihm auch das Publizieren unwichtig geworden, sobald er seine Pflicht getan zu haben glaubte. Dagegen hat er stets die kulturgeschichtlichen Vorträge gehalten, die ein Mehrfaches der Basler Studentenzahl aus der Bevölkerung und besonders den noch nicht zum Studium zugelassenen Frauen anzogen.

Auch dabei ging es nie darum, Kunstpolitik zu machen, einen bestimmten Stil auf Kosten anderer zu propagieren oder gerade öffentlich allgemein geschätzte Werke lächerlich zu machen. Es ging um die Würdigung des immer zu wenig Bekannten, um das Vermitteln von Begriffen der Anschauung und des Urteils. Friedrich Nietzsche konnte davon sprechen, daß Basel seinen Vorrang an Humanität vor den Städten des Deutschen Reiches in diesen Vorträgen besitze. Jacob Burckhardt vollzog ganz im stillen und ohne Prätention seine Revolution. Wie einst und nur vorübergehend der junge Schelling der Kunst die Rolle eines Organon der Erkenntnis verleihen wollte, so tat es nun und unwiderruflich endgültig Jacob Burckhardt. Durch die Kunst erkennen wir die Welt und uns selbst, gerade wenn wir die Kunst nicht mit dem Leben oder der Welt verwechseln. Da mußte Burckhardt dem sonst verehrten Schiller und seinen *Briefen über die ästhetische Erziehung* und dem Gedicht *Die Künstler* widersprechen: »Es reicht nicht, denn die Kunst ist in hohem Grade um ihrer selbst willen vorhanden.« An ihr erfahren wir uns selbst viel mehr, als daß wir etwas über ein vergangenes Zeitalter oder gar über das Privatleben und die Psychologie des Künstlers erführen. Ihre Werke sind nicht ein Trost in der Flut des menschlichen Elends, das die Geschichte ihrem Beobachter bietet. Sie heben sich aus ihr heraus, bedingt gewiß und ihrerseits wirkend und die Geschichte erläuternd. Vor allem sind sie ein bleibend Menschliches im Geschichtlichen.

Damit hat Jacob Burckhardt etwas in der Anschauung der Geschichte und zugleich vor dem Historismus gerettet. Er bezieht sich dabei auf eine Arbeit, die in einer wundersamen, von niemandem geplanten Kooperation von Winckelmann und Lessing, von Goethe und Herder, von Karl Philipp Moritz und Kant, von Schelling und Hegel und Jean Paul geleistet wurde, mit bewunderndem Blick auf die Antike, in kosmopolitischem Geist, der sich in dem Begriff »Weltliteratur« erfüllte, den Goethe seit 1826 gebraucht, als Hegel seine Vorlesungen über die Ästhetik hält und Jean Paul seine *Vorschule der Ästhetik* in der zweiten Fassung ausarbeitet.

Seit der Mitte des 19. Jahrhunderts kommt zu den Werken der bildenden Kunst eine Flut photographischer Dokumente und Erinnerungen. Unsere optische Wahrnehmungsfähigkeit ist trotzdem durch Bildformeln konditioniert, die sich nicht unbedingt von einem antiken Werk herleiten müssen, die aber einer bestimmten, gar nicht so großen Zahl von Mustern zu entsprechen scheinen. Jedermann findet die positiven und die negativen Helden, jedermann erkennt die großen Gesten wieder, auch wenn er nicht die Originale gesehen hat. Die Ikonologie ist eine junge Wissenschaft, so jung wie die Abstraktion in der modernen Malerei, so jung wie die brauchbaren Füllfederhalter und Schreibmaschinen, wie William S. Heckscher es in seinem epochemachenden Aufsatz über die Erfindung der Ikonologie durch Aby Warburg dargelegt hat.

Jedermann speichert heute eine Unzahl von Bildern mit größerer oder geringerer Präzision des Gedächtnisses. Immer wieder werden verwandte Bilder und vor allem Bildfolgen produziert, die sich wohl gegenseitig zu überbieten versuchen, die aber doch aus einem gemeinsamen Fundus schöpfen. Ebenso ist es mit vergleichsweise geringen Kosten und in knapper Zeit möglich geworden, die großen Bildergalerien kurz nacheinander in den verschiedenen Ländern zu besuchen und ihre Sammlungen zu vergleichen. Die großen Ausstellungen sind eher ein Mißbrauch geworden, der den Zugang zu den Bildern verstellt und sie unter den unmöglichsten Bedingungen falscher Beleuchtung und mangelnder Atemluft einem zahlenden Publikum präsentiert, während die wertvolleren untransportablen Werke desselben Künstlers in aller Ruhe zu betrachten sind. Wir erleben, daß einzelne Bilder, unzählige Male in allen Größen und Formen und Farbabweichungen reproduziert, zu Ikonen der gemeinsamen Bildsprache und -verständigung werden. Ich glaube nicht, daß der befürchtete Effekt der Abstumpfung dabei primär wäre. Man gewöhnt sich an Bilder, wie man sich in einer schön gebauten Stadt an Gebäude und Perspektiven gewöhnt. Man ist erstaunt, wenn sie verstellt werden, und man wäre noch erstaunter, wenn sie plötzlich fehlten, aber man leidet nicht im mindesten unter ihrem wiederholten Anblick. Es gibt Gebäude und architektonische Ensembles, in und mit denen man sich wohl fühlt. Es gibt Bilder, die man beliebig oft betrachten kann, auch wenn da eine Unterscheidung zwischen Formen des Dekors für den alltäglichen Umgang und denen von Werken für den betrachtenden Blick zu den Erleichterungen gehört, die eine entwickelte Kultur zu gewähren vermag.

Wir alle erleben es, daß durch fortwährendes Bildzitat einzelne Ikonen der Moderne, meist Photographien, Bewußtsein prägen und Erinnerung konditionieren. In der Regel folgen sie dem Bildaufbau und den Kompositionsprinzipien, die die Malerei während langer Zeit entwickelt hat. Die Bilder transportieren jedoch keine gleichbleibenden Bedeutungen. Sie können sehr rasch veralten, komisch oder obsolet wirken und das Gegenteil der beabsichtigten Wirkung hervorrufen. Das bedarf nicht einmal eines Generationenwechsels, selbst für die gleiche Generation kann ein ehemaliges Ideal sehr rasch lächerlich erscheinen, ohne damit auszuschließen, daß es für eine spätere Generation neuen Ernst gewinnen könnte. Im Wechsel der Bildmoden, auch wenn die sich etwas langsamer vollziehen, und selbst im Schwanken der Bildpreise auf Versteigerungen läßt sich das ablesen.

Erstaunlicherweise setzen sich bestimmte Bilder doch wieder durch, wenn auch vielleicht auf verschiedenen Ebenen der Würdigung. Ein Bild kann aus der antiquarischen Bewunderung in die populäre Kultur rutschen und von da aus seine Karriere erneut beginnen. Es kann auch aus der populären Kultur in den Bereich der Museen und der wissenschaftlichen Bearbeitung und der kritischen Reflexion gelangen. Und umgekehrt kann es daraus ebenso wieder verschwinden, wenn zum Beispiel die Nachfrage nach einer Bildgattung, die zuvor nur von der Malerei gepflegt wurde, inzwischen durch die Photographie und den Film befriedigt wird. So verhält es sich wohl mit dem noch von Burckhardt geschätzten, aber inzwischen durch andere Bildgattungen ersetzten Murillo, während andere Maler aus der Vergangenheit auftauchen.

Die bloße Anzahl derer, die sich von ihren Füßen in Bildergalerien tragen lassen, spricht für sich allein noch so wenig für ein entwickeltes Kunstverständnis wie einst die Anzahl der Pilger für wahre Frömmigkeit. Es gibt die seit langem beobachtete Erscheinung der Enttäuschung jener Pilger, daß da auch nur Bilder hängen. Man war in der Sehnsucht nach Authentizität auf der Suche nach starken Bildeindrücken und glaubte den Schwärmern, und nun stellt sich der erhoffte Effekt nicht ein. Es sind nur gealterte Linien und Flächen auf Leinwand oder Holztafeln, und es fehlt all das, was daraus eine Sensation machen könnte.

Man darf diese Schwierigkeiten nicht unterschätzen. Die Bilder bleiben, was sie stets waren, offene Strukturen, die der Arbeit des Verstehens bedürftig sind. Sie legen Zeugnis ab von einer Welt, die immer noch die unsere ist.

# *Die Nachtseite der griechischen Kultur*

Als Jacob Burckhardt sich durch die Vollendung der *Kultur der Renaissance in Italien* von dieser auf ihm lastenden »Notwendigkeit« befreit hatte, setzte er sich ein neues Ziel. Er wollte durch die genaue Lektüre der primären Quellen die griechische Kultur in einer Vorlesung darstellen, ohne ein Buch daraus zu machen. Eine Rückkehr zu den Quellen, gewiß, und zugleich eine Entdeckungsfahrt ins Unbekannte. Die prägende Kultur des neueren Humanismus ist ja keineswegs in ihren Grundzügen wirklich vertraut. Wo darüber geredet wird, geschieht es gewöhnlich mit falschen Begriffen. Das aufmerksame Lesen eines Menschen, der seine eigene Zeit nicht vergessen hat, ist die Bedingung historischer Erkenntnis, und man kann sicher sein, daß diese Erkenntnis Neues und Umstürzendes zutage fördern wird.

Die Vorurteile der Schule und der allgemeinen Bildung lassen nicht viel von einer vergangenen Kultur übrig. Sie wird instrumentiert für die Bewunderung und für den Unterricht. Ganz anders sieht es aus in der Poesie und in der dichterischen Deutung des antiken Mythos. Goethes *Iphigenie* lebt aus dem Kontrast des Atridenfluchs, des namenlosen Unheils und der archaischen Menschenopfer zu einer Welt, die durch die Begriffe Hoffnung und Freiheit sich davon abhebt. Das Wiedererkennen der lange getrennten Geschwister im antiken Drama wird zur Erkenntnis. Die Einsicht, daß nicht ein materielles Götterbild der Schwester des Apoll zu stehlen, sondern die Schwester des Orest zu retten ist, erfüllt diese Hoffnung. Dadurch läßt der Fluch des vielfachen Familienmordes sich lösen, lassen die Gestalten der Rache und der Nacht sich versöhnen.

Es ist kein Zufall, daß Jacob Burckhardt auf die Frage einer jungen Frau, wie sie sich mit der antiken Mythologie vertraut machen könne, auf die neueste Auflage von Karl Philipp Moritz' *Götter-*

*lehre* verweist, die nach den Gesprächen mit Goethe in Rom ausgearbeitet wurde. Da ist der Mythos als eine Entwicklung von Gestalten aus der Nacht und dem Chaos zu ihrer Anschauung als Form im Licht dargestellt. Da spricht ein Wissen davon, daß der Genuß an das Tragische grenzt. Die höheren Mächte, als deren Spiel der Mensch sich begreift, sind alles andere als moralische Wesen.

Jacob Burckhardt wählt die Vorlesung als die geeignete Form, seiner Lektüre der vollständigen Quellenwerke Zusammenhang zu verleihen und seine Beobachtungen vor einem neugierigen und unverbildeten Publikum auszusprechen. Dabei ist die Grundstimmung von besonderer Bedeutung, die er eigens einmal in dem Vortrag »Über Glück und Unglück in der Weltgeschichte« ausgearbeitet hatte. Nach einigen Kapiteln macht er sich daran, die »Gesamtbilanz des griechischen Lebens« zu ziehen. Hier muß er sich deutlich von den Entstellungen des Bildungshumanismus distanzieren. Die Griechen waren nicht glücklich, wie manche ihrer Werke vermuten lassen oder wie manche Humanisten im Überschwang blinder Begeisterung glaubten. Wir verwechseln die Form, die sie dem künstlerischen Ausdruck ihres Lebens verliehen haben, mit dem Stoff, den sie überwinden mußten. Zur Einfachheit patriarchalischen Lebens, zur Unmittelbarkeit der Lebensäußerungen, wie man sie bei Homer zu lesen glaubte, kamen die Schönheit des Landes und das milde Klima: »Schillers Gedicht ›Die Götter Griechenlands‹ faßte den ganzen vorausgesetzten Zustand in ein Bild zusammen, dessen Zauber noch heute seine Kraft nicht verloren hat.« Aber es war ganz anders: »Man überhörte den schreienden Protest der ganzen überlieferten Schriftwelt, welche vom Mythos an das Menschenleben überhaupt beklagt und verschätzt, und in betreff des besondern Lebens der griechischen Nation verblendete man sich, indem man dasselbe nur von den ansprechenden Seiten nahm und die Betrachtung gerne mit der Schlacht von Chäroneia abschloß. Ganz als wären die folgenden zwei Jahrhunderte, welche das Volk, und weit überwiegend durch sein eigenes Tun, bis nahe an die materielle Zernichtung führten, nicht die Fortsetzung des Vorhergegangenen gewesen.«

Man muß es anders beginnen. Man darf sich nicht ein Stück »klassisches Altertum« herausschneiden, das zwischen einer nicht zur Kenntnis genommenen Vorgeschichte und einem stumm beklagten Verfall liegt. Damit hat der Bildungshumanismus sich schon das Verständnis der eigenen Zeit verbaut. Burckhardt ist nicht der erste, der dieses stets falsche Bild berichtigt; schon August Boeckh, bei dem er in Berlin Vorlesungen hörte, hat aus seiner umfassenden Kenntnis des Altertums geschlossen, daß die Griechen nicht glücklich gewesen seien. Nun kam aber im Laufe des 19. Jahrhunderts, bestärkt durch den tiefen Einschnitt, den das Scheitern der Revolution von 1848 bedeutete, etwas hinzu. Eine pessimistische Grundstimmung, die ihren Ausdruck in Arthur Schopenhauers schon 1818 veröffentlichtem Werk *Die Welt als Wille und Vorstellung* fand. In seinen Briefen nennt Burckhardt ihn »den Philosophen«. Nach dem vermeintlichen Zusammenbruch des Hegelschen Systems verzichtete man gerade in gebildeten Kreisen darauf, die Welt durch den Gedanken zu erkennen.

Burckhardt steht da in einem bezeichnenden Gegensatz. Seine geistige Arbeit faßt eine vergangene Zeit in Gedanken, mit aller Verantwortung vor der Fülle und der Individualität der Quellen. So wenig er mit Hegels Schriften, die oft ja nur als Vorlesung in mäßigen oder übereilten Redaktionen publiziert waren, etwas anfangen konnte, so sehr ist er doch in vollem Ausmaß Geisteswissenschaftler, der als Historiker versucht, »jedes Zeitliche ideal aufzufassen«. Kein Wunder also, daß er hundert Jahre später von anderen, die weder Hegel noch ihn genau gelesen haben, für einen Hegelianer gehalten werden konnte. Schopenhauerianer kann er aber ebensowenig sein, denn dazu nimmt er einerseits die Empirie zu ernst und andererseits mutet er dem Geist die weiterwühlende Arbeit in der Geschichte zu. Schopenhauer hatte die Geschichte als nicht deduzierbar, und das hieß bei einem zu engen Philosophiebegriff, als philosophisch nicht zu behandeln, von seiner Betrachtung ausgeschlossen. Und das wiederum konnte Burckhardt nur recht sein, denn es gab ihm alle nur wünschenswerte Freiheit, ohne sich für jeden Satz theoretisch rechtfertigen zu müssen. Dieser wunderbaren Freiheit verdanken wir ein Werk wie die *Weltgeschichtlichen Betrachtungen*, die sich nach knapper Verbeugung vor den »Kentauren am Waldesrand« unbekümmert um Fachphilosophie ganz der historischen Erkenntnis widmen können.

Der Begriff »Pessimismus« ist ein Anachronismus, auf das antike Griechenland bezogen. Er ist seinerseits eine Spottgeburt als Retourkutsche zu dem selbst schon ironisch geprägten Begriff »Optimismus«, womit ein französischer Jesuit bei einer späteren Ausgabe von Leibniz' *Théodicée* 1737 diesen längst verstorbenen großen Denker postum lächerlich machen wollte. Voltaire nahm diesen Spott auf und schuf zur Verkörperung des Gedankens den unsterblichen *Candide ou l'optimisme* (1759), der als eine herrliche Erzählung gar nichts beweist oder widerlegt, sondern den Autor selbst mit seinem Geschöpf die Widersprüche der Welt begreifen lehrt, was zu der beherzigenswerten Schlußformel führt: »Wir müssen unseren Garten bebauen.« Als Begriff forderte etwas so Einseitiges wie »Optimismus« seinen Gegenbegriff »Pessimismus« geradezu heraus. Schon Friedrich Maximilian Klinger setzt die beiden in seinen *Betrachtungen und Gedanken über verschiedene Gegenstände der Welt und der Literatur* (1803) als Zwillinge nebeneinander, wobei er bereits nahelegt, daß »der letzte ehebrecherisch durch Superfötation hinzugepfuscht sei«. Gustav Landauer vermutet sehr überzeugend, daß der Wechselbalg Pessimismus dadurch entstanden sei, daß Thersites (der Lästerer bei Homer) sich mit einer buddhistischen Nonne vereinigt habe.

»Pessimismus« kann kein operativer Begriff in einer Philosophie sein. Er bezeichnet psychologisch eine Grundstimmung, die nicht dauerhaft vorherrschen muß, sondern gelegentlich hervorbrechen kann, sich auch durchaus mit entgegengesetzten Stimmungen verträgt. Mehr mutet Burckhardt dem Begriff auch nicht zu. Er konstruiert keine orphische oder dionysische Unsterblichkeitsreligion neben der olympischen, die eben den Anschein der Heiterkeit erweckt hatte. Er bringt aus seinen Quellen bezeichnende Äußerungen herbei und gruppiert sie zu einem Bild griechischer Lebensanschauung, die er allerdings nach historischen Phasen unterscheidet. Der »heroische Mensch«, wie man ihn aus Homers Werken skizzieren kann, zeigt andere Züge als der Mensch in einer durch prosaische Überlieferung bezeugten späten historischen Zeit. Die skeptische Taxierung des Erdenlebens bei einer Religion ohne Jenseitsversprechungen ist es, die dem modernen Leser auffallen muß. Und so fügt eine Beobachtung sich zur anderen. Wie man die jung

Verstorbenen glücklich preist, wie man das Erdenleben verflucht oder als Jammer und Dulden einstuft, ohne auf ein anderes zu hoffen, wie man die Tücke des Schicksals und den Neid der Götter aus vielen Beispielen im Mythos erweist, wie man gleich anderen Völkern von einem Goldenen Zeitalter erzählt, aber doch bitterer und verzweifelter als andere den Verfall seither darstellt, bis hin zur Gepflogenheit, ganz offen vom bevorstehenden Tod alter Menschen zu sprechen.

Der Schluß vom Mythos auf das Befinden im wirklichen Leben ist nur ganz behutsam zu ziehen. Mit einer gewissen Vereinfachung anderer Stimmungslagen versucht Burckhardt das. »Im vollkommensten Gegensatz zu der apriorischen Resignation großer asiatischer Völkergruppen und zu allem beschaulichen Quietismus bietet der Grieche dem Schicksal lauter verwundbare Seiten dar, und dasselbe kann ihn täglich und stündlich nicht nur leiblich, sondern auch seelisch verletzen ... der Grieche war früher ein individueller Mensch geworden als die Übrigen und trug nun hievon den Ruhm und das Unheil in unvermeidlicher Mischung.«

Gegen allen Jammer und alles Elend gab es ein Mittel, dessen sich manche bewußt waren: »Allerdings, was Beglückung durch den Geist gewähren kann, das haben hier viele auserwählte Menschen in hoher Kunst und Dichtung, in Denken und Forschen genossen und durch den Abglanz ihres Wesens auch den übrigen vermittelt, soweit diese des Verständnisses fähig waren. Diese Kräfte sind bei den Griechen gewissermaßen immer optimistisch gewesen, d. h. es hat sich für Künstler, Dichter und Denker immer der Mühe gelohnt, dieser Welt, wie sie auch sein mochte, mit mächtigen Schöpfungen gegenüberzutreten. Wie düster sie persönlich vom Erdenleben gedacht haben mögen, ihre Energie verzichtet niemals darauf, freie und große Bilder von dem, was in ihnen lebt, ans Licht hervorzuschaffen. Und bisweilen erhebt sich der Gedanke und schwebt hoch und beglückend über Attika und ganz Griechenland, wenn das Weltganze sein Objekt wird. Anaxagoras sprach es aus: das Geborenwerden sei dem Nichtgeborenwerden vorzuziehen, um der Betrachtung des Himmels und des Weltganzen willen.«

Damit ist der Weg von Schopenhauer zu Leibniz hinauf gegangen und das Denken mit sich selbst versöhnt. Das Problem ist, ob die griechische Kultur ihre produktive Kreativität einer hochentwickelten Sensibilität für die negativen und Nachtseiten des Lebens, für melancholische und depressive Stimmungen verdankt, das heißt, ob das Thema der Künstlermelancholie, das wir aus der Renaissance kennen, eine ganze Gesellschaft in ihren literarischen Zeugnissen charakterisiert. Wäre das der notwendige Preis für eine Kultur der Phantasie, die zuerst den Mythos und eine Bildwelt und sodann die Wissenschaft hervorgebracht hat? Burckhardt dringt in der Folge seiner Darstellung von dieser düsteren Gesamtbilanz des Lebens aus zu den Bereichen der freien und bleibenden Schöpfungen griechischer Kultur in Kunst, Poesie und Wissenschaft vor.

Eine einfache Entgegensetzung von Kräften, wie der junge Nietzsche es mit dem Apollinischen und dem Dionysischen versuchte, trägt zwar der Vielfalt und manchen scheinbaren Widersprüchen Rechnung, kann aber das »Erwachen der Kunst«, von dem Burckhardt spricht, nicht erklären. Sie ist ein Mittel gegen die Einseitigkeit des Bildungshumanismus, das ihm aber ebenso schematisch mit dem Gegensatz von Einheimischem und Fremdem, Lichtem und Dunklem, Rationalem und Irrationalem antwortet. Die beiden Götter, Apollo und Dionysos, haben in der griechischen Mythologie denselben Vater, ihre Kulte stammen nach archäologischer Evidenz beide aus Asien, und sie gehören beide zu den zumindest zwölf olympischen Göttern, die einen umfassenderen Begriff der von den Griechen verehrten und gefürchteten Mächte geben.

Niemand kann die Entstehung des Idealen erklären. Man kann allenfalls Motive dafür zusammensuchen, warum die griechische Kultur nicht für Philologen und Pedanten, sondern schon für das gesamte Altertum bis weit in den Orient hinein und das römische Reich in seiner ganzen Ausdehnung mit seiner Kunst und seinem Mythos dominant wurde. Burckhardt sucht wieder, wie bei der Kultur der Renaissance, die besondere Mischung von Geist und Leidenschaft: »Die wichtigste positive Quelle des Idealen aber bleibt es, daß man, um das Geistige als solches vollkommen geben zu können, die sinnliche Erscheinung mit größter Begeisterung als eine lebendige erfaßte und studierte. Die genaueste Ergründung der Körperformen verbindet sich mit einem immer sichererern Bewußtsein von dem, was die Schönheit des Anblickes ruhender und bewegter Gestalten ausmachen kann; man wurde aller Elemente des äußern Lebens mächtig, *um* das geistige Leben ganz frei geben zu können. Dahin gehört es, daß man das Schöne aus vielen einzelnen Individuen zusammensuchte. Aber aus dem bloßen Durchschnitt oder Kanon wäre es noch nicht erwachsen, wenn nicht zu alledem das absolut Exzeptionelle hinzugekommen wäre: jener mächtige innere Zug zum Schönen, der uns ewig ein Mysterium bleiben wird.«

Es mögen dabei äußere Faktoren mitgewirkt haben, daß die ganz außerordentliche Begabung einzelner Künstler eine Nation mit sich reißen konnte, etwa die Zerstörung vieler alter Götterbilder im Perserkrieg und das bei der Abwehr des zahlenmäßig so überlegenen Feindes erhöhte Selbstbewußtsein, die Lösung von alten Bildtraditionen durch die Philosophie bei völligem Mangel eines Priestertums. Die Modelle und fertigen Arbeiten eines Phidias und Polyklet stießen auf Zustimmung bei einer Bevölkerung, die sich diese Neugestaltung ihrer Götterwelt gefallen ließ: »Und diese Nation durfte es nun auch mit Staunen erleben, wie ihre Künstler immer höhere Kräfte entwickelten in der Verwirklichung der Götter, und wie die Götter immer schöner wurden. Und mit und durch die Griechen erlebten es seither alle anderen Kulturvölker; die Griechengötter sind hinfort schön für alles darzustellende Göttliche und Erhabene aller Religionen, und die griechischen Götterideale sind daher ein welthistorisches Faktum.«

Neben der schönen Kunst bringen die Griechen etwas hervor, wodurch sie sich die Nachwelt verpflichten und sie ebenso in Zeiten von Krisen zurückblicken lassen. Im Altertum ist die Entwicklung der freien Persönlichkeit, die nicht durch Herkunft – Burckhardt schreibt in seiner Zeit noch »Race« –, Stand und Überlieferung geprägt ist, sondern die Kriterien des selbständigen Denkens und freien Forschens entwickelt, etwas Neues. In einer Zeit, in der Individualität, so widersinnig das ist, zu einem Erziehungsprogramm wurde, sah man auch die problematischen Seiten einer solchen Zielvorstellung. Sobald sie Programm wird, verkommt Individualität zu dem, was Mitläufer gegenseitig aneinander rühmen. Eigenes Denken und Forschen wird gerade in den Bildungsanstalten, die ja doch Anpassung lehren, schwer und fast unmöglich gemacht.

Gerade da ist Burckhardts Beispiel selbst bezeichnend. Er verweigerte es, Schüler heranzuziehen, und er hätte sich in wissenschaftlichen Großbetrieben, wie sie die Akademieprojekte etwa seines Generationsgenossen Theodor Mommsen bildeten, höchst unglücklich gefühlt. Er vermittelte Bildung und, wenn möglich, so etwas wie Humanität, die sich an individuellem Umgang mit Werken der europäischen Überlieferung entwickelt. Und er sah voraus, was die anderen erst zu spät begriffen, daß das sogenannte humanistische Bildungsprogramm der deutschen Gymnasien zusammen mit der allgemeinen Wehrpflicht Individualität nicht etwa förderte, sondern zerstörte. Der Zugriff des Staates auf das Individuum mit zentralen Lehrplänen und Prüfungen, die die zur Bildung nötige Zeit in kurze Einheiten zerhacken, ist schon totalitär. Eine längere Militärzeit zerstört den zivilen Charakter der Gesellschaft. Burckhardt äußerte in privaten Briefen seine Bedenken; Max Weber zitierte später aus gegebenem Anlaß mehrfach einen französischen Gewährsmann, der die Verwüstungen der dreijährigen Militärpflicht klar vorhersah.

Burckhardt nennt immer wieder Beispiele der »riskierten Existenz« griechischer Philosophen in den Kleinstaaten, wo jedermann sie einem Asebieprozeß ausliefern konnte. Er notierte Unterschiede zur modernen Sicherung der privaten Existenz, bewundert das völlig Spontane der antiken Denker und Forscher, ohne Amt und Versorgung, und er versucht, sich den Zustand der Wissenschaft in seiner Zeit unter solchen Bedingungen vorzustellen. Die Möglichkeit der Freisetzung des Individuums enthält einen Sprengstoff. Sie kann im besonderen gefährdete Existenzen in größerer Zahl hervorbringen, die dann zu einer Lebensansicht neigen, wie sie viele der von ihm gesammelten Quellen bezeugen. Langfristig gesehen zeigen sich andere Perspektiven. Wie die ersten Philosophen, die Burckhardt die »wunderlichen Heiligen« nennt, noch fast schamanenhafte Züge tragen, Jünger um sich scharen oder Sekten bilden, so wird die antike Philosophie am Ende mit dem Neuplatonismus Religion werden.

Die Individuen der Renaissance gingen dem modernen Europäer voraus. So einzigartig die bedeutenderen unter ihnen waren: Es ist historisch noch einigermaßen möglich, sich in ihrem Dasein zurechtzufinden. Ihre Wahrnehmungen, ihr Reagieren, ihre Lektüre sind uns weitgehend erschließbar, teilweise nachzuvollziehen. Einen antiken Bildungsgang können wir nur schwer rekonstruieren. Da fehlt vieles, was der Bildungshumanismus mit dem Gips falscher Idealisierung ausgekleidet hat. Anfänge sind uns sowieso in der Geschichte verborgen. Aber auch nur die frühe Zeit der Philosophie oder der Geschichtsschreibung uns so vor Augen zu führen, im Falle Platons oder des Thukydides, wie wir das doch bei Montaigne oder Machiavelli können, ist trotz der vereinten Bemühungen von Philologen und Historikern nicht gelungen. Der Abstand zwischen einem Individuum der Antike und uns ist unvergleichlich größer, auch dann, wenn die eigentümliche Leistung völlig objektivierbar ist. Je mehr wir einzelne Züge kennenlernen, etwa durch Diogenes Laertius' Philosophenleben, desto rätselhafter wird uns die Gestalt. Daher ist eine Anthropologie der antiken Kultur sehr viel weniger individuell. Sie kann uns Raum- und Zeitvorstellungen zwischen Mythos und Alltag, Geschlechterrollen, Initiationen und Schwellenriten erläutern, sie kann Andeutungen eines antiken Textes durch Erfahrungen aus anderen Kulturen erläutern, die uns nicht weniger fremd sind, aber sie wird entschieden allgemeiner bleiben. Darin liegt eine Schwierigkeit von Burckhardts *Griechischer Kulturgeschichte,* die ihm selbst nicht unbewußt war.

Vielleicht hat er deshalb das fertige Manuskript eigentlich doch nicht publizieren wollen. Das wäre ein unersetzlicher Verlust gewesen, obwohl er ja wie stets nur die Quellen benutzt, die jedermann zugänglich sind. Burckhardt ist bei all seiner Skepsis gegenüber den politischen Formen der Moderne überwältigend demokratisch und kleinstaatlich direkt. Jeder ist geladen, jeder kann folgen, und es ist eines jener Werke entstanden, an denen der Leser zu einem selbständigen Umgang mit der Antike gelangen kann. Kein falscher Zauber wie bei den Hohepriestern des Faches in jener Zeit, sondern Klarheit und Anregung des eigenen Spürsinns. Gerade das von allen Bewunderte und seit langem vermeintlich Bekannte wird in seiner ganzen Fremdheit und Unerklärlichkeit belassen. Die *Griechische Kulturgeschichte* ist nicht so streng komponiert und knapp gefaßt wie die *Kultur der Renaissance in Italien.* Sie hat die gelassenere Ausbreitung einer akademischen Vorlesung. Aber sie ist ebenso singulär.

Als ein individuelles Werk von »wildgewachsener« Methode keineswegs zur Diskussion der »Männer der Wissenschaft« bestimmt, die ihrerseits das Recht und die Pflicht haben, über jede der einzelnen Beobachtungen eine umfangreiche Monographie zu verfassen, hat es das Buch nicht ganz leicht gehabt. Der damals führende Hellenist Ulrich von Wilamowitz-Moellendorf, der ganz jung gegen Nietzsches *Geburt der Tragödie* polemisiert hatte, erklärte es kurzerhand als für die Wissenschaft nicht vorhanden, und mehr hätte sich Burckhardt gar nicht gewünscht. Nur hat Wilamowitz bei seiner bewundernswerten Sachkenntnis sich im Urteil doch oft vergriffen und »des attischen Reiches Herrlichkeit« zu oft mit der preußischen Streusandbüchse verwechselt. Vor allem war er sprachlich dem Gegenstand nicht gewachsen, so daß man zu seinen Übersetzungsproben sagen mußte, das klinge doch zu sehr nach der »Gartenlaube«, während Jacob Burckhardt sich immer mehr als ein Stilist vom Range Gottfried Kellers erwies.

# *Basel als geistiger Raum*

Später Geborene und Historiker zumal sind stets in der Gefahr, aus einer Reihe kaum zusammenhängender Ereignisse Gebilde zu konstruieren, die sie mit Bedeutung überladen. Das kleine und rasch wachsende Basel des 19. Jahrhunderts mit ein paar sehr begabten Eingeborenen und ein paar ebenfalls begabten Zugereisten ist in Gefahr, dergestalt überschätzt zu werden. Es ist vor und neben dem Wien des Fin de siècle ein bemerkenswertes Treibhaus; Büchners Danton hätte gesagt, ein »Mistbeet der Freiheit«.

Niemand war diesem Basel gegenüber skeptischer als Jacob Burckhardt. Als er auf dem Rückweg von Italien seine Vaterstadt streift, gesteht er den deutschen Freunden, Basel sehe ihn »übrigens so langweilig und philiströs an, daß ich meinem Herrgott selbst für einen Winter in *Berlin* sehr dankbar bin. Nein, unter *diesen* Geldbrozen hält es kein rechter Mensch aus! Rom! Rom! Rom! – capisce?« (11. 9. 1846) Es ist verführerisch, aus sehr ephemeren und fragilen Konstellationen wie etwa der Freundschaft zwischen Burckhardt und seinem sehr jungen Kollegen Nietzsche etwas konstruieren zu wollen, weil beide der gefährlichen preußischen Vereinnahmung der deutschen Staaten und ihrer Kultur ähnlich skeptisch gegenüberstanden.

Basel hat mit den drei »B«, Bachofen, Burckhardt und Böcklin, der zweiten Hälfte des 19. Jahrhunderts ein Rätsel aufgegeben. Und zugleich kamen ein paar andere Männer hinzu, denen die skeptische Randstellung im Winkel zwischen Deutschland und Frankreich einen vorzüglichen Beobachterposten gab. Neben dem jungen Professor der klassischen Philologie Friedrich Nietzsche, der dem Alter nach eher noch Student war, als er an der winzigen Universität und, wie Burckhardt auch, am Pädagogium unterrichtete, steht reifer und erfahrener Franz Overbeck, den eine viel engere Freundschaft mit

Nietzsche verbinden sollte, als man es von Burckhardt behaupten könnte. Franz Overbeck, in St. Petersburg als Sohn einer deutschen Kaufmannsfamilie geboren und in Paris zur Schule gegangen, bis die Revolution von 1848 dem ein Ende setzte, war der ungläubige Kirchenhistoriker, der sich zum schärfsten Kritiker der modernen Theologie entwickelte. Nach einer eher stillen Zeit als Hochschullehrer mit einigen bemerkenswerten Publikationen nahm er sich erst als Emeritus die Freiheit, in einzelnen Aufzeichnungen seinen Gedanken freien Lauf zu lassen, die unter dem Titel *Christentum und Kultur* postum veröffentlicht wurden.

Nietzsche war fast eine Generation jünger als Burckhardt. Er stieß in Basel auf den zurückgezogen lebenden Autor der *Kultur der Renaissance in Italien,* die der Student und nun 24jährige Dozent mit Begeisterung gelesen hatte. Da ihm der ältere, zurückhaltende Kollege undurchschaubar blieb, konnte er sich einbilden, die kühnen Folgerungen aus dem Immoralismus und Atheismus der Renaissance selbst erst gezogen zu haben. Burckhardt wird dazu weise gelächelt haben. Er hatte Sympathie und außerordentliches Verständnis für den jungen Mann, der sich mit, wie ihm schien, dreisten, aber doch selbst erdachten Thesen an das Publikum wandte. Burckhardt war nie bereit, Richard Wagners Verführung zu verfallen, der der junge Nietzsche erlegen war, bis er zum Gegner wurde. Burckhardt hielt sich in allen philosophischen Fragen bedeckt, obwohl er die Sympathie für Schopenhauer teilte – die aber nichts Ungewöhnliches war –, und dankte sehr förmlich für übersandte und gewidmete Schriften, deren unabhängiges Denken ihm Eindruck machte, während er immer wieder bekannte, für die eigentliche Philosophie kein Organ zu besitzen.

Das etwas unreife Werben des jungen Nietzsche stieß bei Burckhardt auf wohlwollende, aber deutliche Abwehr. Als es wirklich nötig wurde, konnte Burckhardt dem unglücklichen Freund einen unschätzbaren Dienst erweisen. Nach Nietzsches Zusammenbruch in Turin erkannte Burckhardt aus der ihm zugesandten Postkarte die Gefahr und eilte zu Franz Overbeck, um ihn zu bitten, Nietzsche zu retten. Burckhardt kannte nämlich die italienischen Nervenkliniken und wußte, wie dringend es war, Nietzsche davor zu bewahren. Es besteht nicht der geringste Anlaß, dieses freundlich-distanzierte

Verhältnis zu einer Jahrhundertfreundschaft zu stilisieren. Und Franz Overbeck, der in schwierigen Situationen der verläßliche Freund und Vermögensverwalter Nietzsches war, blieb ebenfalls bei aller Sympathie und Bewunderung der außerordentlichen Gaben ein distanzierter Beobachter der Selbststilisierung Nietzsches.

Johann Jakob Bachofen sollte als Mitglied des Kuratoriums der Basler Universität den Berufungsbrief an Jacob Burckhardt schreiben. Man kannte sich flüchtig. Aber Burckhardt vermied aus Prinzip nicht nur den privaten Umgang mit den eigentlichen Kollegen, sondern auch den mit gebildeten Patriziern der kleinen Stadt. Bachofen war Richter gewesen und hatte sich früh ins Privatleben zurückgezogen, um seinen Interessen zu leben und Mythen zu schaffen, die im 20. Jahrhundert noch für einige Verwirrung sorgen sollten. *Mutterrecht und Urreligion* ist gewiß ein originelles Buch, aber so weit von dem wissenschaftlich geläuterten Umgang mit den Quellen entfernt, daß Burckhardt nicht die geringste Seelenverwandtschaft mit diesem gebildeten Mitbürger empfunden hat. Für den jungen Böcklin dagegen hat er sich eingesetzt und aus bescheidenen Mitteln Ankäufe zur Sicherung von dessen anfangs noch sehr prekären künstlerischen Existenz getätigt.

Durch Mißverständnisse, die Böcklins italienische Gattin noch vermehrte, kamen Differenzen auf. Burckhardt hatte stets Landschaftsbilder Böcklins in seiner Wohnung, deren Anblick er sich durch absurde Intrigen nicht verleiden ließ. Mit Bachofen verband ihn nichts, mit Overbeck außer einer gegenseitigen distanzierten Wertschätzung persönlich wenig, das Verhältnis zu Nietzsche wurde durch dessen Krankheit beendet. Was bleibt von diesem wundersamen Mistbeet skeptischer und durchdringender Analyse der preußisch-deutschen Realpolitik vom Standpunkt Basel aus? Wenig. Unmittelbar nach 1870 greift zwar Nietzsche wahrscheinlich einen Gedanken Burckhardts auf, wenn er in den *Unzeitgemäßen Betrachtungen* die »Exstirpation des deutschen Geistes zugunsten des deutschen Reiches« beklagt, aber eigentlich steht Burckhardt dem französischen Historiker Fustel de Coulanges viel näher, der in der *Revue des deux mondes* eine ausführliche Analyse des deutsch-französischen Krieges leistet und darauf verweist, daß wohl die Franzosen Bismarck die Besetzung von Elsaß und Lothringen verzeihen werden, aber nicht die Deutschen. Er sah wie Burckhardt die Grundlagen neuer und weit gefährlicherer militärischer Auseinandersetzungen bereits gelegt.

Burckhardt liest mit großer Sympathie Taines *Origines de la France contemporaine,* aber wenn er selbst analysiert, steht er doch Tocqueville näher. Ernest Renan ist ein Autor, auf den er häufig verweist. Insgesamt hat er eine natürliche Nähe zur französischen Literatur, während Nietzsche sich eine künstliche Vertrautheit anempfindet. Die Kultur des 19. Jahrhunderts ist zu vielfältig, um sie auf einzelne Städte zu zentrieren. Burckhardt mißtraut Berlin, wo er seine schönsten Jahre verbrachte, wenn man von Rom absieht, und er reist nach Paris und London, um sich einen Eindruck von den Zeitläuften zu verschaffen. Basel verbindet auf erstaunliche Weise die zur Beobachtung gerade der neuen politischen Phänomene in Deutschland und Frankreich nötige Distanz und Nähe, aber Burckhardt selbst hätte dieser Stadt nie eine Sonderrolle zuerkannt.

In der Rückschau scheinen sich viele Dinge zueinander zu ordnen, an welche damals niemand gedacht hätte. Die Rolle Basels als Verlagszentrum im 16. Jahrhundert, als bei Froben und Henricpetri die Editionen der Renaissance-Autoren erschienen, hat für Burckhardt keine Bedeutung. Er war in Zürich, als er für die *Kultur der Renaissance in Italien* las und exzerpierte, und er holte sich die Bände einzeln aus der reichen Bibliothek im Fraumünster über der Limmat. Es gehört zur Eigenart des Privatlebens, daß die Bürger einer Stadt sich zwar beobachten, aber von ihren Werken sehr viel weniger Kenntnis nehmen als die Nachwelt. Was nebeneinander erarbeitet wurde, ist keineswegs füreinander geschaffen. Alles hat seine Dignität, der Rhein, das Münster, die Universität. Aber was dort einige Jahre lang beisammen ist, sich mißtrauisch beäugt und sich nur selten freundschaftlich verbindet, hat im ganzen weit weniger Zusammenhang, als man im nachhinein darin sehen möchte.

Also gilt es Bescheidenheit zu üben. Basel ist nicht das Florenz der Renaissance, wo man sich über den Weg lief, wo jeder vom anderen mit Spott oder Achtung kommentiert wurde. Man lebte nicht im Freien. Und während Burckhardts Wirken als junger Journalist und als Redner bei kulturhistorischen Vorträgen nicht unbemerkt blieb, nahm er doch mit Absicht nicht sonderlich viel von dieser Stadt wahr. Er lebte im Verborgenen, zunächst fast im Exil, ängstlich besorgt, sich nicht zu binden oder zu kompromittieren, und erst allmählich bildete sich ein Kreis jüngerer Freunde, denen er sehr viel Anhänglichkeit widmete. Seine Pflichten nimmt er sehr ernst, und so lebt er eigentlich erst auf, wenn er unterwegs ist in Italien oder in den großen Galerien. Zeigen die Jugendbriefe ein Herz, das der Freundschaft bedürftig ist und sich öffnet, aber fast ausschließlich deutschen Freunden gegenüber, weil die Schweizer Bekenntnisse politischer oder konfessioneller Art verlangen, so sind die Altersbriefe wesentlich verschlossener. Da gibt es, nach Adressaten streng geschieden, politische Prophetien für Friedrich von Preen, den badischen hohen Beamten, Kunstgespräche mit Max Alioth, dem jungen Architekten, der sich in Paris in der Malerei versucht, und läßliche Plaudereien mit den Freunden, mit denen man sich zum abendlichen Umtrunk und zu gelegentlichen Ausflügen trifft.

Ob man in Basel auch gelebt oder lediglich seine Pflicht getan hat, ist schwer zu entscheiden. Die Zeugnisse sprechen eher dagegen. Daß der Ort von historischer Bedeutung schwanger ist und in einer schönen Umgebung liegt, die sich zu Fuß und auf dem Rückweg mit der stets mißtrauisch beäugten Eisenbahn erschloß, darüber besteht kein Zweifel. Die Ausflüge gingen in aller Regel auf deutsches oder doch badisches Gebiet. Da gab es Gasthöfe, in denen Klavier gespielt und gesungen wurde, von Jacob Burckhardt mit geübter Baßstimme.

Burckhardt hätte gewiß gern die Historiker zusammenklauben lassen, was sie nur fänden, um aus der armen Gegenwart eine gewichtige Vergangenheit zu schaffen. Technik und Naturwissenschaft waren kümmerlich, die Architektur in aller Regel recht bescheiden. Und gegenüber dem fiebernden Gründerunwesen im neuen Deutschland, das auch in die Schweiz hinüberspielte, wie Gottfried Keller es im *Martin Salander* beschrieben hat, blieben doch bei allem Reichtum einzelner Basler das Investitionsaufkommen und die gelegentlichen Bankrotte oder Falliten eher unbeträchtlich.

Es ist eine Eigenart der Universitätsstädte im föderalistischen Kulturgebiet, zu dem man in dieser Hinsicht auch die Schweiz rechnen darf, daß sie manchmal mehrere ausgeprägte Individualitäten oder richtige Genies versammeln. So wurden der deutsche Idealismus und die Romantik zugleich in Jena aus der Taufe gehoben, das kleine Marburg beherbergte den ganzen Neukantianismus und Heidelberg war stolz auf Max Weber, Friedrich Gundolf und Karl Jaspers. In zentralisierten Staaten hätte man so etwas einem Nebenschauplatz nicht lange gegönnt. In England dagegen hielt man die Universitäten wie in den alten Fürstenstaaten auf dem Kontinent mit ihren unruhigen Studenten und mit oder ohne bedeutende Köpfe im Lehrkörper von der Hauptstadt entfernt.

Unter den Hauptstädten des 19. Jahrhunderts gelingt es nur Paris, neben der offiziellen Kultur gleichzeitig die stärkere geistige und künstlerische Opposition anzuziehen und festzuhalten. Die Jubelgreise, die Friedrich Wilhelm IV. zur Verherrlichung seiner Thronbesteigung auf Festwagen durch die Straßen ziehen ließ, waren ein Beweis für die von Burckhardt so tief empfundene Lächerlichkeit des Berliner Treibens. Auch diese Erfahrung fand ein Echo in den *Weltgeschichtlichen Betrachtungen* bei Anlaß der Bedeutung freier geistiger Tauschplätze: »die Herren kommen erst hin wenn sie schon berühmt sind und einige tun hernach nicht mehr viel, jedenfalls nicht mehr ihr Bestes.« (*Studium,* S. 112)

Eine klare Vorstellung muß man sich von der Wirkung dieser Tauschplätze machen: »die Deutlichkeit alles Ausdruckes und die Sicherheit dessen was man will, das Abstreifen der Willkür und des Wunderlichen, der Gewinn eines Maßstabes und eines Stiles; die Wirkung der Künste und der Wissenschaften aufeinander. – Den Produktionen aller Zeiten ist es ganz deutlich anzuhören ob sie unter einer solchen Einwirkung entstanden sind oder nicht. Die geringere Ausprägung: das Konventionelle; die edlere: das Klassische.« (*Studium,* S. 113) Dazu kam in Athen »die Einfachheit des ökonomischen Daseins«, das Fehlen einer Abgrenzung der Stände, kein Prunken, kein Prestige, »sondern eine gleichmäßige Elastizität; die Feste etwas regelmäßiges, kein gequälter Effort«. Dadurch entstand ein Publikum, »wie es sonst nie mehr vorhanden gewesen. Die Leute hatten Zeit und Geist für das Höchste und Feinste, weil sie nicht im Erwerb und Ranggeist und falschem Anstand untergingen. Fähigkeit für das Sublime und für die feinsten Anspielungen wie für den frechsten Witz.«

Und dieses leichte und doch geistige Leben schafft sich ein Gegenstück in der Höhe der Maßstäbe und der Herausforderung: »es ist Sache eines enormen Ehrgeizes, sich in Athen auszuzeichnen; furchtbarer Kampf um dieses Ziel«. Was für Athen galt und mit einigen Varianten für Florenz, gilt schon nicht mehr für Rom, das nie ein geistiges Publikum entwickelte und nach Burckhardts Einschätzung in der Zeit der Herrlichkeit der Päpste alle Tätigkeit lähmte, weil jeder, der dort aufgewachsen war, auf eine Pfründe lauerte. Basel ist kein freier geistiger Tauschplatz gewesen, es zog nicht die Talente an, sondern es berief neben die Söhne der Stadt, die es dort nicht leicht hatten, ein paar Köpfe von Rang an seine kleine Universität. Schon mit dem einen Künstler, den man hervorbrachte, mit Böcklin, ging es nicht gut. Er mußte zu lange auf Anerkennung warten und ist dann im Zorn geschieden.

Im Basel von Jacob Burckhardt und – sehr viel kürzere Zeit – von Friedrich Nietzsche, der dort wenig Hörer und keinen Einfluß hatte, wurden keine Entscheidungen gefällt. Es wurde keine weiterreichende Politik gemacht, keine überregionale Zeitung herausgegeben. Es war ein günstig gelegener Platz, um das wildgewordene Europa mit einigem Abstand zu betrachten. Und es bot so viel Diskretion, daß man sich dort eine skeptische Haltung bewahren konnte, während im frisch vereinigten Deutschland die Stellungnahmen für oder gegen Bismarck tief und verletzend in die persönlichen Beziehungen von Kollegen, von Lehrern und Schülern eingriffen. Das war nicht wenig.

Dazu kam bei Burckhardt noch ein ausgeprägter Sinn für Proportionen. Wenn er von historischer Größe handelte, so schloß er gleich die historischen Wissenschaften aus. Und weitgehend auch seine Gegenwart: »Größe ist was wir nicht sind.« (*Studium*, S. 377) Wissenschaftliche Entdeckungen und Bewertungen, die auch ein anderer leisten könnte, gehören nicht dazu. Etwas Unersetzliches muß dazutreten: »Künstler, Dichter und Philosophen haben zweierlei Funktion: den innern Gehalt der Zeit und Welt ideal zur Anschauung zu bringen und: ihn als unvergängliche Kunde auf die Nachwelt zu überliefern.« (*Studium*, S. 381) Damit ein Glanz von Größe sich auf unsere arme Erdenwelt lege, bedarf es der Künste, der Poesie. Wieder einmal läßt Burckhardt »den Geist« als Subjekt auftreten und ihn sein wühlendes Ungenügen ausspielen:

»Der Geist, unbegnügt mit bloßer Kenntnis (Sache der Spezialwissenschaften), ja mit Erkenntnis (Sache der Philosophie), – inne geworden seines vielgestaltigen, rätselhaften Wesens, ahnt daß noch andere Mächte vorhanden seien, welche seinen eignen dunklen Kräften entsprechen. Da findet es sich, daß große Welten ihn umgeben, welche nur bildlich reden zu dem was in ihm bildlich ist: die Künste. (...) Sie sind ja im Stande, fast sein ganzes Dasein, insofern es über das Alltägliche hinausgeht, in ihre Kreise zu ziehen, sein Empfinden in einem viel höhern Sinn, als er selbst könnte, auszudrücken, ihm ein Bild der Welt zu gewähren, welches frei von dem Schutte des Zufälligen, nur das Große, Bedeutungsvolle und Schöne zu einer verklärten Erscheinung sammelt; selbst das Tragische ist dann tröstlich.« Eine Stadt, in der solche Gedanken gleichsam im Vorübergehen in einer Vorlesung vorgetragen werden, hat es nicht nötig, sich Eigenschaften zuschreiben zu lassen, die sie nicht besitzt. Sie steht nicht schlecht da.

# *Die geschichtlichen Krisen*

Es ist heute völlig unvorstellbar, daß ein und derselbe Historiker und noch dazu innerhalb weniger Jahre eine *Zeit Constantins des Großen* über die Krise der Spätantike schriebe, eine *Anleitung zum Genuß der Kunstwerke Italiens* kurz darauf, welche die Werke der Kunst von der klassischen Antike bis zum Zeitalter des Barock souverän charakterisiert, dann eine epochemachende *Kultur der Renaissance in Italien* einschließlich der Manuskripte zur Kunst dieser Zeit und darauf neben einer Einleitung in das *Studium der Geschichte* nach und nach eine völlig neuartige *Kulturgeschichte Griechenlands.* Alles aus den Quellen erarbeitet, mit »gar keiner« oder seiner »wildgewachsenen« Methode und mit dem Blick über die »Männer der Wissenschaft« hinweg auf das Wesentliche.

Bei den historischen Arbeiten fällt auf, daß das Interesse jedesmal einem Zeitalter der Krise gilt (und keineswegs, wie es unentschlossene Historiker vorziehen, einer Zeit des »Übergangs«). Nur hat man es mit dem Begriff der Krise nicht ganz leicht. Das griechische Wort wurde zuerst in der Medizin terminologisch und bezeichnet den Umschlag im Krankheitsverlauf, den gefährlichen Wechsel, bei dem sich etwas entscheidet. Im Rechtswesen bedeutet der Begriff das Urteil, die richterliche Entscheidung. Die Medizin erlaubte es zuerst, zeitlich bestimmbare Verlaufsformen, bei den verschiedenen Fiebern etwa, die es zu erkennen galt, zu erfassen. Inzwischen übt sich die Ökonomie in der Konzeption bestimmbarer und vorhersagbarer Verlaufformen, in welche gezielt eingegriffen werden kann.

Die Schwierigkeit beginnt mit dem Mißbrauch des Begriffs und seiner Aufweichung. Es ist Mode geworden, mit ihm den Gesamtverlauf von Veränderungen zu bezeichnen, weil man gerade den notwendig kurzen Augenblick nicht erkennt, worin sich der entscheidende Wechsel vollzieht, und weil man vielleicht sogar aus dieser Unfähigkeit politisch Gewinn ziehen will (»Die Lage ist noch nie so ernst gewesen!«). Nun gibt es in der Geschichte ungesicherte Zeiten, die nicht »kritisch« sein müssen, und es gibt Phasen über Jahrhunderte hinweg, in denen eine frühere Macht sich einigermaßen hält, ohne ganz zu stürzen oder einem Neuen Platz zu machen. Die undankbare Nachwelt nennt solche Zeiten später Niedergang oder Verfall, und dabei stimmt sie mit der Beurteilung der Zeitgenossen nicht notwendig überein. Burckhardt wehrt sich dagegen, das alles schon als Krise einzuschätzen, was klagenden Zeitgenossen der Ereignisse und wohlmeinenden späteren Historikern so erscheint. Die Vorstellung, daß der Historiker als postumer Trainer im abstrahierten Einzelkampf der »großen Männer« im nachhinein die richtigen Ratschläge geben könnte oder als dilettierender Feldherr nachträglich die »krepierten Bataillen« auf dem Katheder gewinnen dürfe, erschien Burckhardt immer absurd.

Den langdauernden Wandel der Integration der orthodoxen Kirche ins römische Weltreich hat er präzise beschrieben bis hin zu dem Punkt, da das Imperium sterben darf: »Erst die Völkerwanderung ist dann die wahre Krisis gewesen. Sie hat im höchsten Grade den Charakter einer solchen: Verschmelzung einer neuen materiellen Kraft mit einer alten, welche aber in einer geistigen Metamorphose, aus einem Staat zu einer Kirche geworden, weiterlebt. – Und diese Krisis gleicht keiner andern uns näher bekannten, und ist einzig in ihrer Art.« (*Studium,* S. 348) Dazu fügt er eine Anmerkung: »Die echten Krisen sind überhaupt selten.« Und er führt gleich Beispiele für lange währende Auseinandersetzungen und »Händel« an, die zu keiner Umgestaltung führen und deshalb nicht als echte Krisen gelten können: die englischen Rosenkriege und die französischen Religionskriege.

Die Lehre von den Krisen setzt zunächst das Urteilsvermögen voraus, bloße Unruhen von »echten Krisen« unterscheiden zu können. Sie ist wirklich eine Einübung in weltgeschichtliches Denken, die alle kurzatmige Aufregung und das Verwechseln historischen Wandels mit politischen Absichten ausschließt. Sie muß dazu einen zeitlichen Maßstab ansetzen, der weit größer ist als der individuelle Erfahrungsbereich und Handlungsspielraum. »Freilich von einer ganz großen Krisis übersieht man die wahren Folgen in ihrer Gesamtsumme erst nach Abfluß eines Zeitraums, der zu der Größe der Krisis proportional ist.« (*Studium*, S. 358 f.)

Eine historische Einschätzung der Völkerwanderung als der großen geschichtlichen Krisis findet sich wohl zum erstenmal in Machiavellis *Geschichte von Florenz* (um 1520), das ist etwa 1100 Jahre nach den Klagen des heiligen Augustinus über Roms Fall durch die Goten. Wie lange diese historische Einschätzung bei der Französischen Revolution auf sich warten ließ, ist nicht leicht zu bestimmen. Gewiß war Napoleon voreilig und nicht an geschichtlicher Würdigung interessiert, als er pünktlich vor dem Jahrhundertwechsel am 15. Dezember 1799 die Revolution für beendet erklärte. Das war kaum fünf Wochen nach dem 18. Brumaire, dem Staatsstreich mit Auflösung des Direktoriums und der Kammern. Der Sache schon ein wenig näher kommt Tocqueville, als er bei den Unruhen im Februar 1848 in den Straßen von Paris plötzlich die Gewißheit hat, das ist keine neue Revolution, sondern die Fortführung der nicht beendeten von 1789. Ihn hat das zu genauen Archivstudien motiviert, die in seiner klassischen Darstellung *L'Ancien régime et la Révolution* (1856) ihren Niederschlag fanden.

Um die »wahren Folgen« – und das heißt bei der Krisis, wie es die Französische Revolution gewesen ist, die Durchsetzung der Republik als funktionierender Staatsform, die Rechtsgleichheit, ein allgemein zugängliches Bildungswesen und die Milderung des krassesten sozialen Unrechts – abzuschätzen, bedurfte es der Arbeit der Dritten Republik in den Jahrzehnten nach 1871. Das ist etwa ein Jahrhundertabstand, drei Generationen, und mehr, als ein Mensch selbst erfahren kann. Mithin sind die meisten Urteile über die Revolution von 1789, die im 19. Jahrhundert gefällt wurden, notwendig vorläufig. Die kurzfristigen Prognosen einer Entfesselung der Gewalt durch den klassischen Wechsel der Herrschaftsform zur Diktatur, wie Wieland sie 1794 gegeben hatte, mögen ein geistreiches Spiel zur Unterhaltung klassisch belesener Zeitgenossen gewesen sein. Aber vom Bleibenden wie dem vorbildlichen Gesetzeswerk des *Code Napoléon* war bei Polybios und im Kaffeesatz nichts zu lesen.

Der Historiker, sagte Friedrich Schlegel einmal, ist ein rückwärts gewandter Prophet. Das ist zumindest vieldeutig. Heben wir den Gesichtspunkt hervor, daß es nicht leichter ist, historische Tatsachen in der Vergangenheit zu erkennen, als für die Zukunft zu prognostizieren. Das weitere Problem, daß auch bei den Historikern die falschen Propheten den größeren Zulauf haben und die echten auf taube Ohren stoßen, mag man der Religionsgeschichte überlassen. Aber nichts ist bezeichnender für zwei außerordentliche Historiker als die völlig unterschiedliche Bewertung, die sie beide in ihren Vorlesungen über das Zeitalter der Französischen Revolution der vermeintlich so viel klareren Vorgeschichte gegeben haben.

Johann Gustav Droysen hat in seiner 1842/43 gehaltenen Vorlesung als erster versucht, den umfassenden Zusammenhang revolutionärer Bewegungen von den amerikanischen Freistaaten bis hin nach Polen ins Auge zu fassen. Die deutschen Zustände vor dem Ausbrechen der Französischen Revolution schildert er unter dem Stichwort »Das Verkommen Deutschlands«:

»Vielleicht nie ist die öffentliche Meinung in Deutschland haltloser und verworrener gewesen als am Schluß der achtziger Jahre. In Preußen die reaktionären Bewegungen der Bischofswerder, Wöllner, Hilmer usw. gegen die unter Friedrich II. erwachsene freiere Bewegung der Gedanken; im Österreichischen fast ebenso stark der von der alten Pfaffheit genährte Mißmut über die freisinnigen und rücksichtslos weiter treibenden Bemühungen des Kaisers; in Bayern die Illuminaten unterdrückt und verfolgt, in den Gebieten der rheinischen Kurfürsten der offene Kampf der Regierenden gegen Monsignore Pacca und dessen Anhang unter der bigotten Menge; hier wie in allen geistlichen Territorien ein wunderliches Gemenge von Pfäfferei und Aufklärung, von moderner Regierungskunst und der ungesundesten Privilegienwirtschaft geistlicher und adliger Pfründen; so in Kurmainz auf eine Bevölkerung von 318 000 Seelen eine Beamtenschar von 5 100 Personen (ungerechnet die Offiziere, die Schullehrer und die städtischen Beamten), welche ›mit Rechtsprechen und Geldeinkassieren, Lehren und Beschützen, mit Tragen grauer, schwarzer und weißer Röcke, mit Abscherung ihres Hauptes oder Anhängung eines Schlüssels an ihren Rock den mainzischen Staat bedienten‹, also etwa jeder sechzehnte Erwachsene ein Besoldeter des Staats. Dann in den Reichsstädten bald die Auflehnung der übervorteilten Bürgerschaft gegen den Rat, wie in Aachen; bald die ehrbaren Zünfte gegen die versuchte Abstellung althergebrachten

Unfugs, wie in Goslar; oder gar, wie es in Köln geschah, als der Magistrat endlich den Protestanten erlaubte, eine Schule und ein Bethaus zu gründen, und die 22 Zünfte aufgebracht wurden, sich gegen das ›ruchlose Toleranzdekret‹ aufzulehnen.« (Droysen, Rev.-Vorlesung, Bd. 1, S. 234 f., in H. Günther [Hg.], *Die Französische Revolution,* S. 1480 f.)

Ganz anders Burckhardt, der doch bei allem Erschrecken vor der entfesselten Gewalt die Bedeutung geschichtlicher Objektivierung hervorhebt: »Diesen Fortschritt brachte nicht die neuere Philosophie, sondern der Anblick der Weltereignisse, besonders der Französischen Revolution.« Neben der ausführlich dargestellten Vorgeschichte der europäischen und amerikanischen Staatenwelt, ihrer Wirtschaft und Gesellschaft, erscheint das geistige Leben der Epoche in einem so intensiven knappen Paragraphen, daß man ihm Bekenntnischarakter zuschreiben möchte:

»Wo fände sich ein Jahrzehnt wie das vorletzte des 18. Jahrhunderts, das Wunderwerke hervorgebracht hat wie das letzte hohe Meisterwerk Glucks, die *Iphigenie,* die er für Paris komponierte, dann Goethes *Iphigenie,* der *Tasso* und seine wichtigste Arbeit, *Faust,* die wesentlichsten früheren Bestandteile des *Wilhelm Meister,* dazu Mozarts *Hochzeit des Figaro, Don Juan, Titus,* die *Zauberflöte, die Entführung aus dem Serail* und das *Requiem.* Was ist hingegen aller Reichtum unserer millionenreichen, sonst aber sehr vortrefflichen (!) letzten Jahrzehnte! Wir wären begierig nach einem Jahrzehnt dieser Art, nach Männern, die sich auszeichnen wie sonst keine Heroen. Die Bildung der Deutschen entspricht einer edleren bürgerlichen Gesittung; es ist ein Botengeschäft, in dem sich die Gemüter der Nation zusammenfassen können. Alle diese Werke künden keinen Umsturz der Reichsverfassung an, wohl aber ein mächtigeres Zustimmen der Gemüter von Kurland bis Zürich, getragen von seltener Begeisterung und von Freimut.« (*Vorlesungen,* hg. v. E. Ziegler, S. 47)

Da spricht nicht der Kulturhistoriker, der Titel und Daten aufzählt und damit etwas beweisen will. Da spricht ein Mensch, der als Historiker das Wesentliche, das Bleibende zu erkennen vermag. Die politische Lächerlichkeit und der Mangel an Würde in den deutschen Zuständen sind damit nicht beiseite geschoben oder gar geleugnet. Nur wird hier deutlich, daß die Ereignisreihen sich nicht bedingen. Die Kultur in den deutschsprachigen Ländern war nicht reif für eine politische Revolution, und sie machte und bekam ja auch keine, sondern erlebte sie mit und erfuhr sie teilweise passiv. Und umgekehrt erhielt diese geistige Kultur die wichtigsten Anstöße durch den »Anblick der Weltereignisse«, den ihr die Politik im eigenen Lande nicht hätte vermitteln können. Die Französische Revolution ist so zum wichtigsten Ereignis der deutschen Geschichte geworden. Sie hat die modernen politischen Begriffe geprägt, sie hat der idealistischen Philosophie der Geschichte den Gehalt gezeigt, ohne daß es doch gelungen wäre, durch die Freiheitskriege Freiheit oder auch nur bescheidene und längst versprochene Verfassungen zu erhalten. Diese Niederlage, das Mißverständnis des Gedankens zu den erstarrten und bewegungsunfähigen Formen staatlicher Verwaltung und sozialer Verteilung des ökonomischen Reichtums legten den Keim für die neue Krisis.

Verweilen wir einen Augenblick, um uns den Unterschied in der Einschätzung der großen Krisis zu vergegenwärtigen, bei dem Vergleich von Burckhardt mit Droysen. Dieser, nur zehn Jahre älter und einst in Berlin sein jugendlicher Dozent, hat beim Ausbruch des Krimkriegs (1854) einen höchst lebendigen und vor keiner Kritik herrschender Mächte zurückschreckenden Essay geschrieben. (*Politische Schriften,* I, S. 307–321, in: *Europäische Geschichte,* hg. v. H. Günther, 1993, S. 541–558) Dieser Essay *Zur Charakteristik der europäischen Krisis* spielt souverän auf dem Instrument der Diplomatiegeschichte, wie sie sich, ehe sie in den Archiven zugänglich wird, in der geistreichen Publizistik und in den Gesprächen, die Historiker mit Diplomaten und Staatsmännern führen, darstellt.

Bei Droysen sitzen die Nationen, durch ihre Regenten vertreten, gleichsam am Spieltisch und wagen, wenn man sie herausfordert, alles. Das Leben des einzelnen, die sozialen Strukturen, die Freiheit und die Möglichkeit individueller Existenz, all das hat Droysen intensiv beschäftigt, aber hier ist es ausgeblendet. Hier gelten andere Regeln. Großartig werden der Aufstieg Rußlands zur beherrschenden Macht auf dem Kontinent und Englands fast erniedrigender Rückzug charakterisiert. Das System der Mächte, das durch die

Folgen der Französischen Revolution aus der Balance gebracht und auf dem Wiener Kongreß mit gefährlichen Inkonsequenzen der legitimistischen Doktrin wieder ins Gleichgewicht gebracht schien, ist der Gegenstand der Erörterung. Es ist ein Spiel, und dieses Spiel ist auf wenige handelnde Personen zugeschnitten, deren Agieren eine eigene Sprache herausfordert. Es geht um Prestige und Schein, da hat einer die Stirn, tanzt ein anderer nach dessen Pfeife, erhebt jener den Arm zum gewaltigen Schlage; da hasardiert die eine Macht und eine andere ist für einen Augenblick decontenanciert...

In der Beurteilung der Tatsachen steht Burckhardt Droysen gar nicht fern, wenn er in dem Kapitel »Ursprung und Beschaffenheit der heutigen Krisis« die einzelnen Elemente aufführt, angefangen vom »täuschenden Schein des langen Friedens seit 1815« und der Legitimität als »angeblichem Prinzip« der Restauration, in welcher er eine »Reaktion gegen den Geist der Französischen Revolution« erblickt. Von den »Resultaten der Revolution« wollte der moderne Staat – und gerade der reaktionäre – die aus »der Terreur und aus dem überall nachgeahmten napoleonischen Cäsarismus« inzwischen entstandene »große Ausdehnung seines Machtbegriffes« bewahren. Die aber stehe im Gegensatz zu dem durch die Befreiungskriege national erregten »Geist der Völker«.

Die Politik der europäischen Staaten im 19. Jahrhundert ist durch die Abwehr der Französischen Revolution bei gleichzeitiger Nachahmung der revolutionären Organisationsformen und Machtausdehnung gekennzeichnet. Dieser innere Widerspruch, des sozialen Elends der arbeitenden Klassen nicht Herr zu werden, die sich in Deutschland mit jährlichen Auswanderungsraten bis über 200000 einen Ausweg schaffen, und der nicht geringere Widerspruch der Gedanken, die sich in politisch radikalen Ideengebäuden niederschlugen, stimmt mit dem Handeln der Politiker am diplomatischen Spieltisch nicht mehr überein. Es sind längst nicht mehr Fragen des Gleichgewichts der großen Mächte, sondern es ist die Flucht vor den unlösbaren Fragen im Inneren, welche die Staaten zu Kriegen treibt. Die ungeheure »Steigerung des Erwerbssinns«, die Burckhardt immer wieder mit Sorge konstatiert, wird nach der inzwischen stattgehabten Konversion der Historikerzunft gar nicht mehr als Problem gesehen. Man glaubt das bloße Nachholen ökonomischer Entwicklung festzustellen, die nach langem Stagnieren in Deutschland erst in der zweiten Hälfte des 19. Jahrhunderts stattfindet.

Burckhardt führt in den *Weltgeschichtlichen Betrachtungen* nicht aus, was er in Briefen an vertraute Freunde äußert. Der Staat, der den Verlust von Hunderttausenden junger und gesunder Auswanderer verkraftet, sucht sie zu binden, durch militärisch-industrielle Organisation und durch Kriege, die von den inneren Problemen ablenken, das gesuchte Prestige und möglichst Landgewinn versprechen und ihn statistisch nicht mehr kosten als zuvor die Auswanderungen. Den einmal aufgeregten »Geist der Völker« versuchen nun die »terribles simplificateurs« zu bändigen, wobei sie mit nationalen oder radikalen Gedanken locken können, solange es ihnen nützlich erscheint. Man braucht Burckhardts Ahnungen nicht im strengen Sinn als historische Prognosen zu nehmen. Im allgemeinen wurden sie durch die Geschichte der ersten Hälfte des 20. Jahrhunderts erschreckend genug bestätigt.

Wenn Droysen in einem zweiten Teil seines Essays die »europäische Krisis« seiner Epoche durch Vergleiche zeitlich einzuordnen versucht, so meint er einen Rhytmus von kritischen Phasen erkennen zu können, die etwa alle dreihundert Jahre stattfanden. Er nennt die »Krisis der Kreuzzüge«, an die sich in Deutschland die »furchtbare, die kaiserlose Zeit« anschloß: als Deutschland, eben »noch schwelgend in der reichsten poetischen und künstlerischen Tätigkeit«, in der Blüte seiner Literatur der staufischen Klassik, »plötzlich in Ohnmacht und Zersplitterung versank«. Danach die Reformation im 16. Jahrhundert, die mit »hoffnungsreichen Versuchen der Reichsreform« einsetzte und eine entwickelte bürgerliche Kultur besaß; sie »schloß mit dem Dreißigjährigen Kriege und erneuter Erniedrigung Deutschlands«. Ist daraus eine historische Einsicht zu gewinnen, oder entspricht eine solche Periodisierung nicht vielmehr einer Lähmung des geschichtlichen Verstehens durch zwanghafte Wiederholung?

Ohne Droysen unrecht zu tun, könnte man doch schließen, daß der vermeintlich unpolitische Historiker Jacob Burckhardt die Krise der Moderne tiefer ansetzt und schärfer – nicht analysiert, aber doch ahnt. Die Geschichte des 19. Jahrhunderts ist keine Erfolgsgeschichte, die in der Einigung Deutschlands kulminierte. Da ließ sich Droysen von seiner gewaltsamen Identifizierung mit der preußischen Politik blenden. Die europäische Geschichte des 19. Jahrhunderts ist eine Geschichte von Verlusten. Sie enthält den Keim zu verheerenden Kriegen, die keine neue Welt hervorbringen.

Die europäische Geschichte der Neuzeit beschleunigt sich nicht. Das was Historiker gern als Beschleunigung bezeichnen, ist bloß quantitative Vervielfältigung, während alle Prozesse der Entscheidung eher länger dauern als in früheren und materiell bescheidener ausgestatteten Zeiten. Nichts ist in der Geschichte so gefährlich wie falsche Analogien. Man glaubt, sich die Historie damit verfügbar zu machen, und landet doch nur im Lager der »terribles simplificateurs«. Der Historiker hat sich nicht nur, wie es seines Amtes ist, vor der Vergangenheit zu bewähren, er muß auch der Zukunft gegenüber Stand halten. Anders als der nach vorn gewandte Prophet, hat der Historiker nicht nur ein Bild der Zeiten zu vertreten. Er ist für ihren Gehalt verantwortlich. Wenn einer aus besserer Einsicht etwas retten kann, aus der begriffenen Geschichte für die geahnte Zukunft, so ist es der, der das historische Amt ernst zu nehmen versteht. Jacob Burckhardt hat das Bleibende, das Unvergangene, so wie es sich seiner eigenen Betrachtung darstellte, für andere zu bewahren versucht. Er hat aus der Anschauung der Geschichte, die so wenig heiter und so oft ein Bild des menschlichen Elends und Jammers ist, unser eigensüchtiges Glücksverlangen, unsere vorschnellen Identifikationen zu entfernen versucht. Was bleibt, ist das Glück der Erkenntnis.

# Zur Literatur

Dieser Versuch einer Darstellung des Werkes von Jacob Burckhardt läßt ihn oft genug selbst zu Wort kommen. Damit teilt der Verfasser eine Auffassung Burckhardts, der über die bloße Vorstellung einer ihm gewidmeten Biographie oder gar Burckhardtphilologie entsetzt gewesen wäre. Werner Kaegis siebenbändige Biographie ist ein Dokument des Basler Humanismus, aber ein Gelehrter hat kein Leben, das sich beschreiben ließe. Karl Löwiths Buch war der Versuch, sich von einem geschichtsblinden Existentialismus zu befreien, und wenig an historischen Fragen interessiert. Hier geht es darum, die Neugier auf Burckhardts eigene Arbeiten und auf seine Quellen zu wecken; seine Grenzen werden dann schon sichtbar werden.

Die Gesamtausgabe der Werke Jacob Burckhardts, Basel 1929–1934, ist nicht mehr im Handel. Wir verweisen deshalb auf Einzelausgaben. Da Burckhardt seine Schriften fast seitenweise durch detaillierte Überschriften gliedert, genügt in der Regel die innere Zitierung. Einige Werke wie die erste kommentierte Ausgabe der *Kultur der Renaissance in Italien* und die Neuausgabe der *Weltgeschichtlichen Betrachtungen* als *Über das Studium der Geschichte* werden abgekürzt mit Seitenzahlen zitiert; Briefe nach dem Datum.

## Schriften Jacob Burckhardts

*Die Zeit Constantins des Großen* (1853), in verschiedenen Neuausgaben.

*Der Cicerone. Eine Anleitung zum Genuß der Kunstwerke Italiens* (1855), in Neuausgaben.

*Die Kultur der Renaissance in Italien* (1860), kommentierte Neuausgabe von Horst Günther, Frankfurt 1989, Sonderausgabe im Taschenbuch 1997 (zitiert als: *Kultur*); diese Ausgabe enthält auch den Text der ›Kunst der Renaissance‹ (zitiert als: *Kunst*).
*Über das Studium der Geschichte (Weltgeschichtliche Betrachtungen)*, hg. v. Peter Ganz, München 1982. Die kommentierte kritische Ausgabe für die Forschung ersetzt nicht völlig die lesbarere Redaktion des Textes durch Jakob Oeri, 1905, und in vielen handlichen Neuausgaben; (zitiert als: *Studium*).

Die Briefe liegen in älteren Einzelausgaben vor, die ihre Berechtigung behalten, da Burckhardt die Themen nach Adressaten strikt trennt (Politik mit Friedrich von Preen; praktische Malerei mit Max Alioth, *Briefe an einen Architekten*, Kunstgeschichte mit Heinrich Wölfflin usw.). Sie finden sich vollständig und kommentiert in der zehnbändigen Ausgabe:

Jacob Burckhardt, *Briefe*, hg. v. Max Burckhardt, Basel 1949 bis 1986 (zitiert nach dieser Ausgabe mit dem Briefdatum).
*Historische Fragmente*, hg. v. Emil Dürr, Stuttgart 1957.
*Kulturgeschichtliche Vorträge*, hg. v. Emil Dürr, Basel 1900, u.ö.
*Aesthetik der bildenden Kunst*, hg. v. Irmgard Siebert, Darmstadt 1992.
*Die Kunst der Betrachtung*, hg. v. Henning Ritter, Köln 1900, [2]1997.

### *Über Jacob Burckhardt*

Werner Kaegi, *Jacob Burckhardt. Eine Biographie* (7 in 8 Bänden), Basel 1947 ff.
Karl Löwith, *Jacob Burckhardt. Der Mensch inmitten der Geschichte*, Luzern 1936, in: *Sämtliche Schriften*, Bd. 7, Stuttgart 1984.
Wolfgang Hardtwig, *Geschichtsschreibung zwischen Alteuropa und moderner Welt. Jacob Burckhardt in seiner Zeit*, Göttingen 1974.

Die Beschäftigung mit der Geschichtsschreibung geht immer noch aus von dem unersetzten:

Eduard Fueter, *Geschichte der neueren Historiographie*, München und Berlin 1911, $^{2}$1962.

Die Geschichtstheorie greift stets wieder zurück auf grundlegende Schriften; außer Hegel und Vico sind das hier:

Wilhelm von Humboldt, »Über die Aufgabe des Geschichtsschreibers«, in: *Werke*, Bd. 1, Stuttgart $^{3}$1980.

Johann Gustav Droysen, *Historik*, hg. v. R. Hübner, Darmstadt 1972.

Das Ahnungsvermögen Burckhardts hat Aby Warburg skizziert. Die Zitate finden sich in:

Ernst H. Gombrich, *Aby Warburg. Eine intellektuelle Biographie*, Frankfurt 1981, Hamburg 1992.

Warburgs eigene Antikenstudien, auf den Spuren des »Pfadfinders«:

Aby Warburg, *Ausgewählte Schriften und Würdigungen*, hg. v. Dieter Wuttke, Baden-Baden $^{2}$1980.

Der bemerkenswerte Aufsatz zur Entstehung der Ikonologie von William S. Heckscher, »Die Genesis der Ikonologie«, in: Ekkehard Kaemmerling, *Ikonographie und Ikonologie*, Köln 1979, $^{7}$1997.

Das Thema der bildenden Kunst als Quelle historischer Erkenntnis mit einem Kapitel über Jacob Burckhardt:

Francis Haskell, *Die Geschichte und ihre Bilder. Die Kunst und die Deutung der Vergangenheit*, München 1995.

Peter Burke

# Vico

Philosoph, Historiker, Denker
einer neuen Wissenschaft

Aus dem Englischen von Wolfgang Heuss

Band 10284

Giambattista Vico (1668-1744) ist eine der rätselhaftesten Gestalten der europäischen Geistesgeschichte. Seine Wirkung, die erst spät, nämlich Ende des 18., Anfang des 19. Jahrhunderts in Italien und dann auch im übrigen Europa einsetzte, ist eingehüllt in Mythenbildungen, die jedoch nicht verhindert haben, daß die außerordentlich vielfältigen Anregungen dieses Denkers für die neuzeitliche Geschichtsphilosophie, Anthropologie und Kulturgeschichte bis in die Gegenwart spürbar und rekonstruierbar sind, insbesondere in der Rechtstheorie, in der Soziologie und in den Debatten zwischen Geistes- und Naturwissenschaften. Peter Burke beschreibt in seiner Studie das Werk Vicos und dessen Rezeption. Er erhellt insbesondere die Modernität der Fragestellungen, die in Vicos Hauptschrift, der *Neuen Wissenschaft*, formuliert sind und die in der europäischen Geistesgeschichte tiefe Spuren hinterlassen haben. »Heutzutage, da die Kluft zwischen geistes- und naturwissenschaftlichen Ansätzen bei der Erforschung der menschlichen Gesellschaft langsam zum Abgrund wird, haben wir von Vico viel zu lernen.« (Peter Burke)

Fischer Taschenbuch Verlag

fi 6001 / 3

Peter Burke

## *Städtische Kultur in Italien zwischen Hochrenaissance und Barock*

Eine historische Anthropologie

Aus dem Englischen von Wolfgang Kaiser

Band 10331

Peter Burke, einer der bedeutendsten englischen Kulturhistoriker, nähert sich dem Netz aus religiösen und profanen Ritualen, das zwischen 1500 und 1700 das Leben in den italienischen Städten bestimmte, mit dem Blick des Anthropologen – darin nicht unähnlich einigen seiner Landsleute, die im 16. und 17. Jahrhundert Italien bereisten und über die dortigen Gebräuche staunten, sich ärgerten und darüber schrieben. Von ihnen ist in diesem Buch ebenso die Rede wie von einem langsamen Wandel kultureller Strukturen in einer Gesellschaft, in der es in den verschiedensten Zusammenhängen des Alltagslebens vor allem darauf ankam, eine gute Figur zu machen, eine angenommene oder zugewiesene Rolle perfekt zu spielen und für ein angemessenes Schauspiel zu sorgen. Burkes Analysen sind exemplarische Beiträge zum Verständnis des kulturellen Unterbaus einer Epoche, die die Moderne prägte. In 14 Kapiteln zeichnet Burke ein Bild Italiens des 16. und 17. Jahrhunderts, das nicht nur von Historikern, sondern auch von Literaturwissenschaftlern, Soziologen, Kunstgeschichtlern und Kulturanthropologen eingehend betrachtet werden sollte.

Fischer Taschenbuch Verlag

fi 6003 / 3

Peter Burke

*Ludwig XIV.*

Die Inszenierung des Sonnenkönigs

Aus dem Englischen von Matthias Fienbork

Band 12337

Ludwig XIV., König von Frankreich, trat 1643 im Alter von vier Jahren die Nachfolge seines Vaters an und regierte 72 Jahre bis zu seinem Tode 1715. In dieser Zeit wurde unter Aufbietung aller damals verfügbaren Medien ein umfassendes Herrscherbild des »Sonnenkönigs« hergestellt. Diese Inszenierung des königlichen Spektakels fand statt in ausgefeilten Porträts, Gemälden, Münzen, Standbildern, Triumphbögen, Opern und Gedichten. Peter Burke, einer der interessantesten Kulturhistoriker unserer Zeit, rekonstruiert – chronologisch vorgehend – die allmählichen Entwicklungen sowie Wendepunkte der Geschichte und spannt den Bogen vom »Sonnenaufgang« bis zum »Sonnenuntergang«. Es entsteht ein plastisches Bild davon, wie schon zu Lebzeiten des »Sonnenkönigs« sein Mythos geschaffen wurde.

Fischer Taschenbuch Verlag

fi 6002 / 3

ERNST CASSIRER

**Symbol, Technik, Sprache**
Herausgegeben von Ernst Wolfgang Orth und John Michael Krois unter Mitwirkung von Josef M. Werle.
PhB 372. 1985. XXXII. XXXIIII, 214 S. Kart.

**Rousseau, Kant, Goethe**
Herausgegeben von Rainer A. Bast.
PhB 440. 1991. XXXVII, 208 S. Kart.

**Erkenntnis, Begriff, Kultur**
Mit einer Einleitung herausgegeben von Rainer A. Bast
PhB 456. 1993. LIV, 325 S. Kart

**Goethe und die geschichtliche Welt**
Herausgegeben von Rainer A. Bast
PhB 474. 1995. XII, 182 S. Kart

**Descartes. Lehre – Persönlichkeit – Wirkung**
Mit einer Einleitung herausgegeben von Rainer A. Bast
PhB 475. 1995. LV, 340 S. Ln.

**Versuch über den Menschen**
(Essay on Man) Einführung in eine Philosophie der Kultur
Aus dem Englischen von Reinhard Kaiser
PhB 488. 1996. 382 S. Kart.

*Weitere Bände, in Kommission von Yale University Press:*

**An Essay on Man**
An Introduction to a Philosophy of Human Culture. 1962. IX, 237 S. Kart.

**The Myth of the State.** 1977. 320 S. Kart.